KÖNIGS ERLÄUTERUNGEN
Band 1

Textanalyse und Interpretation zu

Friedrich Schiller

WILHELM TELL

Volker Krischel

Alle erforderlichen Infos für Abitur, Matura, Klausur und Referat
plus Musteraufgaben mit Lösungsansätzen

Zitierte Ausgabe:
Um mit verschiedenen Ausgaben arbeiten zu können, wird nach Versen zitiert, die in der Regel bei allen *Tell*-Ausgaben ausgewiesen sind. Textgrundlage dieser Erläuterung ist der Band des Hamburger Lesehefte Verlags: Schiller, Friedrich von, *Wilhelm Tell. Ein Schauspiel.* Heftbearbeitung: F. Bruckner und K. Sternelle. Husum/Nordsee: Hamburger Lesehefte Verlag 2010 (Hamburger Leseheft Nr. 7).

Über den Autor dieser Erläuterung:
Volker Krischel, geb. 1954, arbeitete nach dem Studium der Germanistik, Geschichte, katholischen Theologie, Erziehungswissenschaften, klassischen Archäologie, Kunstgeschichte und Geografie mehrere Jahre als wissenschaftlicher Mitarbeiter – besonders im Bereich der Museumspädagogik – am Württembergischen Landesmuseum Stuttgart. Heute ist er als Oberstudienrat in Gerolstein (Eifel) tätig. Er hat mehrere Arbeiten zu Autoren der neueren deutschen Literatur sowie zur Museums- und Unterrichtsdidaktik veröffentlicht.

Das Werk und seine Teile sind urheberrechtlich geschützt. Jede Verwertung in anderen als den gesetzlich zugelassenen Fällen bedarf der vorherigen schriftlichen Einwilligung des Verlages.
Hinweis zu § 52 a UrhG: Die öffentliche Zugänglichmachung eines für den Unterrichtsgebrauch an Schulen bestimmten Werkes ist stets nur mit Einwilligung des Berechtigten zulässig.

4. Auflage 2017
ISBN 978-3-8044-1917-9
PDF: 978-3-8044-5917-5, EPUB: 978-3-8044-6917-4
© 2011 by C. Bange Verlag, 96142 Hollfeld
Alle Rechte vorbehalten!
Titelbild: Albert Bassermann als Wilhelm Tell in einer Inszenierung von Leopold Jessner, Staatliches Schauspielhaus; Berlin 1919 © ullstein bild
Druck und Weiterverarbeitung: Tiskárna Akcent, Vimperk

INHALT

| 1. | DAS WICHTIGSTE AUF EINEN BLICK – SCHNELLÜBERSICHT | 6 |

| 2. | FRIEDRICH SCHILLER: LEBEN UND WERK | 10 |

2.1 Biografie _____ 10
2.2 Zeitgeschichtlicher Hintergrund _____ 17
Das Heilige Römische Reich Deutscher Nation _____ 17
Der Unabhängigkeitskampf der Schweiz _____ 18
Die Umbruchsituation in Deutschland
im 18./19. Jahrhundert _____ 20
Weimar und die Weimarer Klassik _____ 22
2.3 Angaben und Erläuterungen
zu wesentlichen Werken _____ 24

| 3. | TEXTANALYSE UND -INTERPRETATION | 29 |

3.1 Entstehung und Quellen _____ 29
3.2 Inhaltsangabe _____ 33
3.3 Aufbau _____ 45
Dramenaufbau _____ 45
Haupt- und Nebenhandlungen _____ 46
Chronologie und Örtlichkeiten _____ 48
3.4 Personenkonstellation und Charakteristiken _____ 49
Wilhelm und Hedwig Tell _____ 49
Werner und Gertrud Stauffacher _____ 53
Walther Fürst _____ 54
Arnold vom Melchthal _____ 55

Hermann Geßler	56
Werner, Freiherr von Attinghausen	58
Ulrich von Rudenz	59
Bertha von Bruneck	60
3.5 Sachliche und sprachliche Erläuterungen	62
3.6 Stil und Sprache	66
Klassische Kunstsprache	66
Blankvers	67
3.7 Interpretationsansätze	69
Wilhelm Tell als Bild einer moralisch guten Revolution	69
Wilhelm Tell – der Selbsthelfer und die politische Realität	73

4. REZEPTIONSGESCHICHTE 76

Reaktionen der Zeitgenossen	76
Wilhelm Tell als vaterländisches Freiheitsdrama	77
Unterschiedliche Sichtweisen in Ost- und Westdeutschland	82
Wilhelm Tell in unserer Zeit	83

5. MATERIALIEN 85

Wilhelm Tell – der Philister	85
Wilhelm Tell – ein Terrorist?	87
Wilhelm Tell – ein Vorbild?	89

6. PRÜFUNGSAUFGABEN MIT MUSTERLÖSUNGEN 91

LITERATUR 97

STICHWORTVERZEICHNIS 101

1. DAS WICHTIGSTE AUF EINEN BLICK – SCHNELLÜBERSICHT

Damit sich jeder Leser in diesem Band sofort zurechtfindet und das für ihn Interessante gleich entdeckt, folgt hier eine Übersicht.

⇨ S. 10 ff.

Das 2. Kapitel beschreibt Schillers Leben und stellt den zeitgeschichtlichen Hintergrund seines Dramas *Wilhelm Tell* sowie seines eigenen Lebens vor:

→ Friedrich Schiller lebte von 1759 bis 1805. 1799 zog er nach Weimar, der „Kulturhauptstadt Deutschlands", und war dort mit Goethe der wichtigste Autor der Weimarer Klassik.
→ In *Wilhelm Tell* schildert Schiller den Freiheitskampf der Schweiz vom Heiligen Römischen Reich Deutscher Nation.
→ Das prägende Ereignis der Zeit war die Französische Revolution und in ihrer Folge die Eroberungskriege Napoleons.
→ *Wilhelm Tell* ist Schiller letztes vollendetes Stück. Es wurde 1804 uraufgeführt. Zuvor war Schiller durch seine Freiheitsdramen, seine klassischen Stücke sowie seine Balladen berühmt geworden.

⇨ S. 29 ff.

Im 3. Kapitel geht es um eine Textanalyse und -interpretation.

Wilhelm Tell – Entstehung und Quellen:

Im *Wilhelm Tell* greift Schiller auf die alte Tell-Legende und auf die Entstehungsgeschichte der Schweizer Eidgenossenschaft zurück. Beides verbindet er mit seiner Vorstellung einer friedlichen Revolution gegen Tyrannei und seinen Idealvorstellungen eines Staates. Angeregt zu seinem Stück wurde Schiller wahrscheinlich durch seinen Freund Goethe und die französische Okkupation der Schweiz durch Napoleon 1798.

| 4 REZEPTIONS-GESCHICHTE | 5 MATERIALIEN | 6 PRÜFUNGS-AUFGABEN |

Inhalt:

Das Stück hat fünf Aufzüge. ⇨ S. 33 ff.

Der rechtschaffene Schweizer Jäger Wilhelm Tell wird vom brutalen Landvogt Geßler gezwungen, einen Apfel vom Kopf seines Sohnes zu schießen. Tell muss erkennen, dass er sich aus dem Befreiungskampf seines Landes nicht mehr heraushalten kann. Er tötet Geßler und gibt damit das Zeichen zum Volksaufstand. Die österreichischen Vögte werden vertrieben und das Land befreit.

Chronologie und Schauplätze:

Das Stück spielt innerhalb nur weniger Wochen. Schauplatz sind ⇨ S. 45 ff.
die Schweizer Urkantone Schwyz, Uri und Unterwalden.

Personen:

Wichtige Personen des Volkes sind ⇨ S. 49 ff.

Wilhelm Tell:
→ freiheitsliebend, hilfsbereit;
→ unabhängig, Selbsthelfer;

Walther Fürst:
→ vorsichtiger Realist;
→ Mitinitiator des Volksaufstandes;

Werner Stauffacher:
→ freigiebig;
→ gebildet;
→ politisch aktiv;

Arnold vom Melchthal:
→ impulsiv;
→ mutig;

Gertrud Stauffacher:
→ selbstbewusst;
→ mutig;

Hedwig Tell:
→ besonnen;
→ psychologisch einfühlend.

Zum Adel gehören
Hermann Geßler:
→ despotisch, zynisch;
→ unmenschlich, schwach;

Werner, Freiherr von Attinghausen:
→ traditionsbewusst;
→ patriarchalisch;

Ulrich von Rudenz:
→ standesbewusst;
→ mutig;

Bertha von Bruneck:
→ mitfühlend, selbstbewusst;
→ realistisch.

| 4 REZEPTIONS-GESCHICHTE | 5 MATERIALIEN | 6 PRÜFUNGS-AUFGABEN |

Stil und Sprache in *Wilhelm Tell*:

Schiller ist Autor der Weimarer Klassik: ⇨ S. 66 ff.
→ Erhabene Ideen können nur durch entsprechende Persönlichkeiten dargestellt werden.
→ Die Sprache ist der erhabenen Idee anzupassen.
→ Schiller benutzt den Blankvers, dessen Möglichkeiten er sich zunutze macht.

Interpretationsansätze:

Wilhelm Tell ⇨ S. 69 ff.
→ ist ein positiver Gegenentwurf zur Französischen Revolution;
→ problematisiert das Thema des Tyrannenmords.

Rezeptionsgeschichte:

→ Die Rezeption von *Wilhelm Tell* ist stark vom jeweiligen zeitge- ⇨ S. 76 ff.
schichtlichen Hintergrund bestimmt.
→ In den letzten Jahren geht es verstärkt um die mehrdeutige Figur Wilhelm Tell.

2.1 Biografie

2. FRIEDRICH SCHILLER: LEBEN UND WERK

2.1 Biografie

Friedrich Schiller
(1759–1805)
© Richter/
Cinetext

JAHR	ORT	EREIGNIS	ALTER
1759	Marbach am Neckar	Am 10. November wird Johann Christoph Friedrich Schiller geboren. Seine Eltern sind der Leutnant Caspar Schiller (1723–1796) und seine Frau Elisabeth Dorothea, geborene Kodweiß (1732–1802).	
1764	Lorch	Übersiedlung der Familie nach Lorch; Besuch der Lorcher Dorfschule; Lateinunterricht bei Pfarrer Moser.	5
1766	Ludwigsburg	Rückversetzung des Vaters in die Garnison nach Ludwigsburg.	7
1767	Ludwigsburg	Schiller besucht die dortige Lateinschule mit dem Ziel, Geistlicher zu werden.	8
1773	Solitude bei Stuttgart	Auf dreifache Aufforderung des Herzogs Karl Eugen von Württemberg tritt Schiller in die „Militärpflanzschule" auf der Solitude ein. Die Schule wird im gleichen Jahr zur Herzoglichen Militärakademie erhoben.	14
1774		Beginn des Jurastudiums	15
1775	Stuttgart	Verlegung der Militärakademie als „Hohe Karlsschule" nach Stuttgart; Wechsel vom ungeliebten Jurastudium zum Medizinstudium; Lektüre von Schubarts Erzählung *Zur Geschichte des menschlichen Herzens*, hierdurch möglicherweise erste Anregung zu den *Räubern*.	16

| 4 REZEPTIONS-GESCHICHTE | 5 MATERIALIEN | 6 PRÜFUNGS-AUFGABEN |

2.1 Biografie

JAHR	ORT	EREIGNIS	ALTER
1776		Beginn des Philosophiestudiums bei Professor Abel; durch ihn erste Berührung mit dem Werk Shakespeares. Veröffentlichung des Gedichts *Der Abend* im „Schwäbischen Magazin". Schiller vernichtet sein Drama *Cosmus von Medicis* nach dem Abschluss.	17
1779		Ablehnung seiner medizinischen Dissertation *Philosophie der Physiologie*. Schiller muss noch ein weiteres Jahr auf der Militärakademie bleiben. Herzog Karl August von Sachsen-Weimar besucht in Begleitung Goethes die Militärakademie; Teilnahme an der Preisverleihung.	20
1780		Schiller hält die Festrede anlässlich des Geburtstags der Mätresse des Herzogs Karl Eugen, Reichsgräfin Franziska von Hohenheim, mit dem Titel *Die Tugend in ihren Folgen betrachtet*. Franziska dient Schiller als Vorbild für die Figur der Lady Milford in *Kabale und Liebe*. Vorlegung seiner neuen Dissertation *Über den Zusammenhang der tierischen Natur des Menschen mit seiner geistigen*. Entlassung aus der Militärakademie als Militärarzt. Anstellung als Regimentsmedikus des Grenadierregiments Augé in Stuttgart.	21
1781		Das Stück *Die Räuber* erscheint anonym mit fingiertem Druckort.	22

1 SCHNELLÜBERSICHT	2 FRIEDRICH SCHILLER: LEBEN UND WERK	3 TEXTANALYSE UND -INTERPRETATION

2.1 Biografie

JAHR	ORT	EREIGNIS	ALTER
1782		Erfolgreiche Uraufführung der *Räuber* am Nationaltheater in Mannheim. Schiller besucht die Aufführung ohne Urlaubsbewilligung. Als der Herzog davon erfährt, erhält Schiller 14 Tage Arrest und das Verbot der schriftstellerischen Tätigkeit. Beschäftigung mit dem Stoff zu *Luise Millerin*.	23
	Flucht aus Württemberg	Schiller nutzt das Fest, das für den russischen Zaren, Großfürst Paul von Russland, anlässlich von dessen Teilnahme an einer Jagd gegeben wird, um mithilfe seines Freundes, des Musikers Andreas Streicher, nach Mannheim zu fliehen. Fortsetzung der Flucht über Darmstadt, Frankfurt nach Oggersheim und schließlich nach Bauerbach in Thüringen. Schillers Stück *Die Verschwörung des Fiesco zu Genua* wird vom Mannheimer Nationaltheater abgelehnt. In Bauerbach lebt Schiller ein Jahr lang als Dr. Ritter auf dem Gut der Frau von Wolzogen.	
1783	Bonn Mannheim	Uraufführung des *Fiesco* in Bonn; Anstellung als Theaterdichter beim Mannheimer Theater.	24
1784	Frankfurt a. M. Mannheim	Uraufführung von *Luise Millerin* unter dem von Iffland vorgeschlagenen Titel *Kabale und Liebe*; Beginn von Schillers gesundheitlichen Problemen. Er erkrankt schwer an Malaria. Antrittsrede in der „Deutschen Gesellschaft" unter dem Titel *Vom Wirken der Schaubühne auf das Volk*, später: *Die Schaubühne als eine moralische Anstalt betrachtet*.	25

| 4 | REZEPTIONS-GESCHICHTE | 5 MATERIALIEN | 6 | PRÜFUNGS-AUFGABEN |

2.1 Biografie

JAHR	ORT	EREIGNIS	ALTER
1785	Gohlis, Loschwitz, Dresden	Übersiedlung nach Gohlis, zusammen mit dem neuen Leipziger Freundeskreis; erste Begegnung mit Körner. Arbeit an *Don Karlos;* gemeinsame Wohnung mit Körner in Loschwitz, Übersiedlung nach Dresden, Entstehung von *An die Freude* und der Erzählung *Der Verbrecher aus verlorener Ehre.*	26
1787	Dresden, Weimar, Rudolfstadt	Uraufführung von *Don Karlos* in Hamburg; Beginn des Romans *Der Geisterseher*; Reise nach Weimar, dort u. a. Begegnung mit Wieland und Herder; Fertigstellung des *Abfalls der vereinigten Niederlande.* In Rudolfstadt lernt Schiller die Familie von Lengefeld kennen; besonders die Tochter Charlotte hat es ihm angetan.	28
1788		Beginn des Briefwechsels mit Charlotte von Lengefeld; Besuch Goethes in Rudolfstadt; distanzierte Haltung gegenüber Schiller: Er kann mit dem leidenschaftlichen und impulsiven Schiller wenig anfangen.	29
1789	Jena	Auf Vorschlag Goethes erhält Schiller eine Geschichtsprofessur in Jena; Übersiedlung nach Jena. Jetzt hat Schiller die finanziellen Möglichkeiten, eine Familie zu gründen. Er hält um die Hand Charlottes an. Beginn der Freundschaft mit Wilhelm von Humboldt.	30
1790		Herzog Karl August gewährt Schiller ein festes jährliches Gehalt. Der Meininger Hof verleiht Schiller den Titel eines Hofrats. Schiller heiratet Charlotte von Lengefeld. Die ersten beiden Bücher von Schillers *Geschichte des Dreißigjährigen Krieges* erscheinen. Bekanntschaft mit dem in Jena studierenden Novalis; Besuch Goethes in Jena.	31

WILHELM TELL

1 SCHNELLÜBERSICHT	2 FRIEDRICH SCHILLER: LEBEN UND WERK	3 TEXTANALYSE UND -INTERPRETATION

2.1 Biografie

JAHR	ORT	EREIGNIS	ALTER
1791	Jena, Karlsbad	Ausbruch einer schweren Lungen- und Bauchfellerkrankung, an deren Folgen Schiller für den Rest seines Lebens leidet. Kuraufenthalt in Karlsbad; intensive Beschäftigung mit der Philosophie Kants. Schiller erhält vom dänischen Hof ein jährliches Geschenk von tausend Talern für drei Jahre zugesprochen.	32
1792		Schiller wird durch die französische Nationalversammlung das französische Bürgerrecht verliehen; Bekanntschaft mit Friedrich Schlegel.	33
1793	Ludwigsburg, Stuttgart	Übersiedlung nach Ludwigsburg; Arbeit an theoretischen Schriften. Tod Herzog Karl Eugens von Württemberg; Besuch in Stuttgart und begeisterter Empfang in der Karlsschule; Bekanntschaft mit Hölderlin; Geburt von Schillers erstem Sohn Karl Friedrich Ludwig; Fortführung der philosophischen und ästhetischen Studien.	34
1794		Bekanntschaft mit Fichte; auf der Tagung der „Naturforschenden Gesellschaft" in Jena Begegnung mit Goethe. Langes Gespräch mit Goethe über die Urpflanze, die Metamorphosenlehre und das Verhältnis von Idee und Erfahrung in den Naturwissenschaften. Beginn des persönlichen Briefwechsels zwischen Goethe und Schiller, aus dem sich eine enge Freundschaft entwickeln wird.	35
1795		Trotz seines schlechten Gesundheitszustandes entstehen zahlreiche Gedichte.	36

| 4 | REZEPTIONS-GESCHICHTE | 5 MATERIALIEN | 6 PRÜFUNGS-AUFGABEN |

2.1 Biografie

JAHR	ORT	EREIGNIS	ALTER
1796		In Zusammenarbeit mit Goethe entsteht der *Xenienalmanach* im „Musenalmanach für das Jahr 1797" und erregt ungeheures Aufsehen. Besuch von Schelling und Jean Paul bei Schiller; Tod der Schwester Nanette und des Vaters. Schillers zweiter Sohn Ernst Friedrich Wilhelm wird geboren. Schiller wird zum ordentlichen Honorarprofessor in Jena ernannt; Entstehung mehrerer Balladen; Arbeit am *Wallenstein*; mehrere Treffen mit Goethe.	37
1799	Weimar	Die Trilogie *Wallensteins Lager, Piccolomini, Wallensteins Tod* wird in Weimar uraufgeführt; Besuch von Ludwig Tieck. *Das Lied von der Glocke* erscheint im „Musenalmanach für das Jahr 1800"; Geburt von Schillers Tochter Karoline Henriette Luise; Umzug nach Weimar.	40
1800		Erkrankung Schillers an einem Nervenfieber; Uraufführung von *Maria Stuart* in Weimar; Ausgabe von Schillers *Kleinen prosaischen Schriften*.	41
1801		Uraufführung der *Jungfrau von Orleans* in Leipzig	42
1802		Schiller erhält vom Wiener Hof den erblichen Adelstitel zugesprochen; Tod der Mutter.	43

2.1 Biografie

JAHR	ORT	EREIGNIS	ALTER
1804	Weimar, Berlin	Uraufführung von *Wilhelm Tell* in Weimar; der Erfolg übertrifft den aller bisherigen Dramen Schillers. Reise mit der Familie nach Berlin; hier außerordentliche Ehrungen durch die Öffentlichkeit und das preußische Königshaus. Der Herzog verdoppelt Schillers Gehalt, um ihn in Weimar zu halten. Geburt der jüngsten Tochter Emilie Henriette Luise; Arbeit am *Demetrius*; Entstehung der *Huldigung der Künste* als Festspiel zur Ankunft der Großfürstin Maria Pawlowna, der Gattin des Erbprinzen Karl Friedrich.	45
1805	Weimar	Schillers Gesundheitszustand verschlechtert sich. Während der Besserung des Zustandes arbeitet er weiter am *Demetrius*. Schiller stirbt am 9. Mai und wird im „Landschaftskassengewölbe" auf dem Sankt-Jakobs-Friedhof in Weimar beigesetzt.	46
1827		Überführung von Schillers Leichnam in die Fürstengruft zu Weimar.	

4 REZEPTIONS-GESCHICHTE	5 MATERIALIEN	6 PRÜFUNGS-AUFGABEN

2.2 Zeitgeschichtlicher Hintergrund

2.2 Zeitgeschichtlicher Hintergrund

ZUSAMMEN-FASSUNG

Wichtige Stichwörter zum zeitgeschichtlichen Hintergrund sind:
→ Das Heilige Römische Reich Deutscher Nation
→ Der Unabhängigkeitskampf der Schweiz
→ Die wirtschaftliche, soziale und politische Umbruchsituation in Deutschland während des 18./19. Jahrhunderts
→ Weimar, die „Kulturhauptstadt Deutschlands"
→ Die Weimarer Klassik

Das Heilige Römische Reich Deutscher Nation

Zu Schillers Lebzeiten bildete Deutschland das Heilige Römische Reich Deutscher Nation, das für sich in Anspruch nahm, Nachfolgerin des Römischen Reiches zu sein. In Wirklichkeit bestand dieses Reich jedoch aus einer Vielzahl von deutschen Ländern und Herrschaftsbereichen. Oberhaupt des deutschen Reiches war der König bzw., wenn vom Papst ernannt, der Kaiser, der von den Kurfürsten gewählt wurde.

Ursprünglicher Kern dieses Staatswesens war das Lehnssystem. Hierbei verlieh der Lehnsherr (z. B. der König) einem Lehnsmann (z. B. einem Herzog oder Grafen) ein Teil seines Landes (Lehen) mit den dort lebenden Menschen. Diese mussten ihrem Herrn Steuern zahlen oder Frondienste leisten. Der Lehnsmann selbst musste seinem Lehnsherrn Treue schwören und im Kriegsfall für ihn kämpfen. Ursprünglich war das Lehen nur „geliehen" und musste dem Erben des Lehnsmannes erst wieder vom Lehnsherrn verliehen werden. Kam ein Lehnsmann seinen Verpflichtungen nicht nach, so konnte ihm der Lehnsherr sein Lehen wieder

Kern des Staatswesens: Lehnssystem

WILHELM TELL

1 SCHNELLÜBERSICHT	2 FRIEDRICH SCHILLER: LEBEN UND WERK	3 TEXTANALYSE UND -INTERPRETATION

2.2 Zeitgeschichtlicher Hintergrund

entziehen. Zu Schillers Zeiten waren diese ursprünglichen Lehen aber längst durch Gewohnheitsrecht zu erblichem Besitz der ehemaligen Lehnsmänner geworden.

Der Unabhängigkeitskampf der Schweiz

Drei Kantone als Keimzelle der Schweiz

Das Gebiet der heutigen Schweiz gehörte ursprünglich zum Heiligen Römischen Reich. Als Keimzelle der Schweiz gelten die drei Kantone Uri, Schwyz und Unterwalden. Sie schlossen sich im 13. Jahrhundert zu einem Bündnis zusammen und gründeten mit dem sogenannten Rütli-Schwur die Schweizer Eidgenossenschaft. Der Begriff zeigt das Verständnis der Schweizer von ihrem Staat: Gleichberechtigte (Genossen) bilden auf der Grundlage eines gegenseitigen Eides einen Staat.

In der Zeit der Eidgenossenschaft ging es um den Freiheitskampf der Schweizer gegen die Willkür der Vögte von Habsburg[1]. Die Kantone Uri und Schwyz hatten zuerst die Reichsunabhängigkeit gewonnen. Das bedeutete, dass in diesen Gebieten ein aus der Gegend stammender Amtmann an der Spitze einer freien Selbstverwaltung stand. Er war nur dem Kaiser, nicht mehr dem Landesherrn verantwortlich. Allerdings mussten die Kantone sich ihre Reichsunmittelbarkeit immer wieder neu vom König bzw. Kaiser bestätigen lassen.

Habsburger

Diese Situation änderte sich grundlegend, als Rudolf von Habsburg nach dem Interregnum (1254–1273), d. h. der kaiserlosen Zeit, die auf den Tod des letzten Hohenstaufen folgte, zum König gewählt wurde. Rudolf war nicht vom Papst zum Kaiser gekrönt worden und durfte daher nur den Titel eines Königs führen. Dies

---

1 Habsburger ist der Dynastiename, der sich von ihrer Stammburg Habsburg im heutigen Kanton Aargau herleitet. Ab 1282 herrschte die Dynastie auch über Österreich. „Habsburg" und „Österreich" wurde daher später synonym gebraucht, obwohl das Kaisertum Österreich erst 1804 begründet wurde. In diesen Erläuterungen werden beide Bezeichnungen nebeneinander benutzt.

| 4 REZEPTIONS-GESCHICHTE | 5 MATERIALIEN | 6 PRÜFUNGS-AUFGABEN |

2.2 Zeitgeschichtlicher Hintergrund

gilt auch für seine Nachfolger. Trotzdem fuhr man nach altem Brauch fort, den Herrscher des Deutschen Reiches „Kaiser" zu nennen[2].

Ein Großteil des Grundbesitzes der Habsburger lag auf dem Gebiet der heutigen Schweiz; Rudolf von Habsburg hätte sich daher auch gern das Gebiet der drei späteren Eidgenossen einverleibt. Verkehrspolitisch besaß dieses Gebiet durch seine großen Handelsstraßen, besonders durch den den St.-Gotthard-Pass über die Alpen, enorme wirtschaftliche Bedeutung. Deshalb schnürte Rudolf das Gebiet der drei Kantone durch umworbene, umliegende Ländereien ab und ernannte Reichsvögte, die im Interesse Habsburgs handelten. Die Vögte stammten meist aus dem niederen Adel und hatten oft wenig Interesse und Verständnis für die lokalen Gebräuche und Rechte. Sie waren bei der Bevölkerung verhasst.

Grundbesitz der Habsburger

Der Nachfolger König Rudolfs, Adolf von Nassau, war ein Gegner der Habsburger und bestätigte die Freiheitsbriefe von Schwyz und Uri. Der nächste König jedoch, Albert I., ein Sohn Rudolfs von Habsburg, betrieb wieder die unnachgiebige Hausmachtpolitik seines Vaters. Er weigerte sich, die Freiheitsbriefe anzuerkennen, und ließ den Vögten freie Hand, das Volk zu unterdrücken. Bewusst wurden oft besonders rücksichtslose und brutale Vögte eingesetzt, denn wenn diese die Bevölkerung durch ihr Verhalten zu einem Aufstand provozierten, hatten die Habsburger die rechtliche Grundlage, Reichsarmeen in das Gebiet zu schicken, es zu unterwerfen und vor allem die Freiheitsrechte wieder abzuschaffen.

Brutale Vögte

Den Eidgenossen, die sich wohl nach dem Tod Rudolfs von Habsburg (1291) zusammengeschlossen hatten, gelang es in der

---

2 Auch Schiller benutzt beide Titel nebeneinander; in diesen Erläuterungen werden beide Titel ebenfalls synonym gebraucht.

| 1 SCHNELLÜBERSICHT | 2 FRIEDRICH SCHILLER: LEBEN UND WERK | 3 TEXTANALYSE UND -INTERPRETATION |

2.2 Zeitgeschichtlicher Hintergrund

Folgezeit, sich erfolgreich gegen die Herrschaftsansprüche Habsburgs durchzusetzen. In mehreren Schlachten erkämpften sie sich ihre Unabhängigkeit. Immer mehr große Städte, wie Luzern, Zürich, Glarus und Bern, traten der Eidgenossenschaft bei, auf die der Name eines der drei Urkantone, Schwyz, überging.

Westfälischer Frieden: Die Schweiz wird ein eigener Staat.

Im Westfälischen Frieden von 1648 löste sich die Schweiz vom Heiligen Römischen Reich und wurde ein eigener Staat. Als sie 1789 durch französische Truppen besetzt wurde, erhielt die Schweiz den neuen Namen „Helvetische Republik" und eine neue Verfassung.

Die Umbruchsituation in Deutschland im 18./19. Jahrhundert

An der Wende vom 18. zum 19. Jahrhundert befanden sich Deutschland und ganz Europa wirtschaftlich, sozial, politisch und kulturell in einer Umbruchsituation.

Wachstum der Bevölkerung

Zwischen 1750 und 1800 war die deutsche Bevölkerung um 50 Prozent, in manchen Gegenden sogar um 100 Prozent angewachsen. Um diese Menschen versorgen zu können, mussten die landwirtschaftliche und die gewerbliche Produktion enorm gesteigert werden. Das konnte nur durch eine „Neustrukturierung der Arbeitsbedingungen"[3] erreicht werden:

> „So lagen die Anfänge der industriellen Revolution und die Entstehung der Arbeiterklasse im ausgehenden 18. Jahrhundert und waren Wegbereiter eines enormen gesellschaftlichen Wandels, dessen Ausmaße dann im 19. Jahrhundert spürbar wurden."[4]

———

3   Beate Nordmann: *Friedrich Schiller: Wilhelm Tell*, S. 15.
4   Ebd., S. 15.

| 4 REZEPTIONS-GESCHICHTE | 5 MATERIALIEN | 6 PRÜFUNGS-AUFGABEN |

2.2 Zeitgeschichtlicher Hintergrund

Das gravierendste politische und gesellschaftliche Ereignis war jedoch die Französische Revolution von 1789. Sie wirkte weit über Frankreich hinaus. Erstmals hatten sich die Untertanen gegen die Ausbeutung durch Adel und Kirche erhoben sowie König Ludwig XVI. – und mit ihm das ganze Ancien Régime – gestürzt. Unter der Losung „Freiheit, Gleichheit, Brüderlichkeit" forderten sie die Abschaffung der Privilegien. Sie wollten nicht mehr Untertanen sein, sondern nannten sich stolz „Bürger".

Französische Revolution

In Deutschland stieß die Französische Revolution auf ein geteiltes Echo. Während die Intellektuellen, etwa Kant, Hegel, Pestalozzi, Klopstock, Hölderlin, Schiller u. a., sie begeistert begrüßten und das politisch gebildete Bürgertum ihr wohlwollend, aber doch eher abwartend gegenüberstand, erweckte sie bei der Masse der einfachen Bevölkerung eher ungläubiges Staunen. Der Adel und der Offiziersstand standen der Französischen Revolution hingegen weitgehend ablehnend gegenüber, da ihre Forderungen die eigene privilegierte Stellung zumindest infrage stellte.

Je mehr sich die anfangs weitgehend friedliche Revolution unter den Jakobinern in willkürlichen Terror gegen den Adel und vermeintliche oder wirkliche Feinde der Revolution wandelte, desto größer wurde in Deutschland die Ablehnung, politische Vorstellungen auf diese Weise umzusetzen.

Wie marode das Heilige Römische Reich war, zeigte sich, als Napoleon, der aus dem Chaos der Französischen Revolution als neue Größe hervorgegangen war, mit seinen ersten Angriffen dieses Staatsgebäude, ohne nennenswerte Gegenwehr zu finden, zum Einsturz brachte. Das entstandene Machtvakuum nutzte Napoleon aus, um Deutschland in seinem Sinn neu zu ordnen.

Napoleon

In dieser politisch instabilen Umbruchzeit entwickelten sich in Deutschland lokale, kulturelle Zentren. Hier versammelten sich Künstler, Wissenschaftler, Philosophen und Dichter, um ihre Ideen

WILHELM TELL

| 1 SCHNELLÜBERSICHT | 2 FRIEDRICH SCHILLER: LEBEN UND WERK | 3 TEXTANALYSE UND -INTERPRETATION |

2.2 Zeitgeschichtlicher Hintergrund

auszutauschen und sie einer immer größer werdenden Leserschaft zu vermitteln.

Weimar und die Weimarer Klassik

Weimar wird zu einem kulturellen Zentrum.

Eines der wichtigsten Zentren entstand in Weimar, das sich zur kulturellen Hauptstadt Deutschlands entwickeln sollte. Das vergleichsweise kleine Weimar mit seinen insgesamt nur ca. 106000 Einwohnern, von denen allein 6000 in der Residenzstadt lebten (in Berlin lebten zur gleichen Zeit ca. 170000, in Wien ca. 240000 und in London ca. 800000 Menschen), verdankt seinen kulturellen Aufstieg der Herzogin Anna-Amalia, Prinzessin von Braunschweig-Wolfenbüttel. Nach dem frühen Tod ihres Mannes Ernst August II. Konstantin, Herzog von Sachsen-Weimar und Sachsen-Eisenach, übernahm sie bis zur Volljährigkeit ihres ältesten Sohnes Karl August die Regentschaft in dem Zwergstaat. In dieser Zeit legte sie die Grundlagen für den Aufstieg Weimars zum geistigen Zentrum seiner Zeit. So berief sie u. a. Christoph Martin Wieland, einen der bedeutendsten Schriftsteller der Aufklärung im deutschsprachigen Raum, als Erzieher ihrer beiden Söhne an den Weimarer Hof und war auch sonst bestrebt, möglichst viele Talente zu holen. So wurde der Weimarer Hof nicht nur zu einem Treffpunkt der adligen Gesellschaft, sondern auch von selbstbewussten, bürgerlichen Intellektuellen und Künstlern. Nach seiner Thronbesteigung im Jahr 1775 führte ihr Sohn Karl August diese Politik fort.

Goethe und Schiller in Weimar

Unter seiner Regentschaft kamen Goethe und Schiller nach Weimar, aber auch die Philosophen und Schriftsteller Johann Gottfried Herder, Friedrich Wilhelm Joseph Schelling, Georg Wilhelm Friedrich Hegel, Johann Gottlieb Fichte sowie die Brüder Friedrich und August Schlegel. Sie alle wollten der aus den Fugen geratenen Welt eine neue Ordnung entgegenstellen. Es ging ihnen um

2.2 Zeitgeschichtlicher Hintergrund

die Vermittlung einer neuen Weltanschauung[5]. Besonders Goethe und Schiller haben während ihrer elfjährigen Zusammenarbeit die Epoche der Weimarer Klassik geprägt. Die kennzeichnenden Merkmale und Themen dieser Epoche sind:

„(…) der Glaube an die Bildungsfähigkeit des Menschen (z. B. Goethes *Wilhelm Meister*), die Suche nach einem Ausgleich zwischen Extremen wie Gefühl und Vernunft, Individuum und Gesellschaft (z. B. Schillers *Wilhelm Tell*), Orientierung an den Schönheitsidealen der Antike, Streben nach Humanität, Toleranz gegenüber anderen Meinungen und das Bekenntnis zum Weltbürgertum, wobei die Tagespolitik uninteressant ist."[6]

---

5 Vgl. Alexander Geist: *Friedrich Schiller: Wilhelm Tell*, S. 29.
6 Nordmann, S. 16 f.

2.3 Angaben und Erläuterungen zu wesentlichen Werken

ab 1782	1782–1787	1789	1790–1796	1797	1798–1804
Beginn der schriftstellerischen Arbeit	Sturm-und-Drang-Dramen	Geschichtsprofessur	philosophisch-ästhetische Schriften	Balladenjahr	Dramen der Weimarer Klassik

Wilhelm Tell ist Schillers letztes vollendetes Drama. Hier entwirft er aus der Auseinandersetzung mit der Französischen Revolution sowie den Gedanken Kants und Rousseaus die Möglichkeit einer unblutigen, moralisch guten Revolution und das Ideal einer freien, bürgerlichen Gesellschaftsordnung.

| 4 REZEPTIONS-GESCHICHTE | 5 MATERIALIEN | 6 PRÜFUNGS-AUFGABEN |

2.3 Angaben und Erläuterungen zu wesentlichen Werken

Berühmt wurde Friedrich Schiller vor allem durch seine dramatischen Werke. Seine 1797 angelegte Liste, nach der er 32 Dramenprojekte realisieren wollte, konnte er allerdings nur in geringem Umfang verwirklichen.

Als Erzähler verfasste er mit *Der Verbrecher aus verlorener Ehre* (1786) die erste bedeutende Kriminalgeschichte der deutschen Literatur; sein unvollendeter Roman *Der Geisterseher* (1789) hatte große Wirkung auf die Schauerliteratur der Romantik.

Daneben publizierte Schiller als Historiker eine dreibändige *Geschichte des Dreißigjährigen Krieges* (1790, 1792) und eine Arbeit über den *Abfall der vereinigten Niederlande* (1787). Ergänzend zu seinen philosophischen und ästhetischen Schriften tat sich Schiller aber auch als Lyriker hervor. Neben seinen weniger bekannten philosophischen Gedichten und seiner Jugend- und Gelegenheitsdichtung erwies sich Schiller als Meister der Gedankenlyrik und der Ballade. Seine *Ode An die Freude* (1786) wurde von Beethoven in der neunten Symphonie vertont; die Ballade *Das Lied von der Glocke* (1799) galt bis ins 20. Jahrhundert als „poetisierter Wertekatalog des Bürgers"[7].

Schiller als Historiker

Schon das Jugenddrama *Die Räuber* (1782), das in seiner zweiten Auflage das Motto „In tyrannos" (Gegen die Tyrannen) trägt, bedeutet eine Kampfansage gegen den Despotismus in allen Bereichen. Die sich vom Vater ungerecht behandelt fühlenden Söhne Karl und Franz Moor rebellieren gegen die bestehende weltliche und göttliche Ordnung. Karl versucht es als Sozialrebell und „edler" Räuber, Franz als egozentrischer, nihilistischer Machtmensch. Dem Verbrecher aus Empfindsamkeit, Karl, steht Franz, der zynische Verbrecher aus Verstand, gegenüber. Beide scheitern. Die wilde und leidenschaftliche Sprache sowie der Stoff zeigen Schiller als noch stark dem Sturm und Drang zugehörig.

Die Räuber

---

7   Beate Nordmann: *Friedrich Schiller: Kabale und Liebe*, S. 60.

WILHELM TELL

| 1 SCHNELLÜBERSICHT | 2 FRIEDRICH SCHILLER: LEBEN UND WERK | 3 TEXTANALYSE UND -INTERPRETATION |

2.3 Angaben und Erläuterungen zu wesentlichen Werken

Die Verschwörung des Fiesco zu Genua

In *Die Verschwörung des Fiesco zu Genua* (1783), Schillers zweitem Drama, geht es ebenfalls um Rebellion gegen Tyrannenmacht. Der Titelheld scheitert letztendlich an seinem eigenen Machtstreben. Er kämpft nicht uneigennützig gegen die Tyrannei für die Errichtung einer Republik, sondern strebt für sich selbst die Herzogswürde an. Damit wird er zum Verräter an der Revolution: Er wird von seinen Mitverschwörern getötet, um die Sache des Volkes zu retten.

Kabale und Liebe

Kabale und Liebe, ursprünglich *Luise Millerin* (1784), ist ein Zeitstück in der Nachfolge von Lessings bürgerlichem Trauerspiel *Emilia Galotti* (1772). Ein Liebespaar, die bürgerliche Luise und der adlige Ferdinand, scheitern an der Kabale (d. h. Ränkespiel) der moralisch verkommenen Hof- und Adelsschicht. So deutlich wie Schiller „hatte bisher noch niemand mit scharfem Realismus die korrupten Zustände und die im System liegende Skrupellosigkeit, welche menschliche Gefühle zerstört, dramatisch dargestellt."[8]

Don Karlos

Don Karlos (1787) markiert einen Wendepunkt in Schillers Schaffen. Der leidenschaftliche „Revolutionär" wird zum begeisterten Verkünder hoher Ideale. Schon sprachlich hat Schiller die leidenschaftliche, oft ungebändigte Prosa seiner frühen Stücke hier in Blankverse abgeändert. Inhaltlich wandelte sich das Stück in seiner vierjährigen Entstehungszeit von einer Anklage gegen die Inquisition über ein Familiendrama zu einer Staatstragödie. Zwar ist auch in der Endfassung noch der Vater-Sohn-Konflikt um die Liebe zu Elisabeth von Valois, die ursprünglich als Braut für Carlos ausersehen war, dann aber aus politischen Gründen die Frau seines Vaters Philipp II. wurde, vorhanden, aber in der tragenden Figur des Marquis Posa stellte Schiller eine Figur in den Mittelpunkt, die als idealistischer Vorkämpfer für weltbürgerliche Freiheitsideen und durch sein Opfer für Karlos zu Größe gelangt.

——— ———

8 Ebd., S. 21.

| 4 REZEPTIONS- | 5 MATERIALIEN | 6 PRÜFUNGS- |
| GESCHICHTE | | AUFGABEN |

2.3 Angaben und Erläuterungen zu wesentlichen Werken

Mit der *Wallenstein*-Trilogie (*Wallensteins Lager*, *Piccolomini*, *Wallensteins Tod*, 1798/1799) wendete sich Schiller zwölf Jahre nach *Don Karlos* wieder dem Drama zu. Schon während er die Geschichte des Dreißigjährigen Krieges schrieb, hatte Schiller die Gestalt Wallensteins gefesselt. Mit der Vollendung der *Wallenstein*-Trilogie eröffnete Schiller die Reihe seiner Meisterdramen. An der Figur Wallensteins zeigt Schiller die Verführbarkeit durch die Macht, die ihm die Freiheit der Entscheidung raubt. Wallenstein ist der „undurchschaubare Karrierist, der das politische Risiko nicht scheut – eine Symbolgestalt für Schillers vom Krieg erschütterte Zeit."[9]

Wallenstein-Trilogie

Auch in seinem nächsten Drama, *Maria Stuart* (1800), greift Schiller auf historischen Stoff zurück. In seiner Darstellung des Zwistes zwischen der englischen Königin Elisabeth I. und der von ihr inhaftierten schottischen Königin Maria Stuart bleibt Elisabeth zwar politisch die Siegerin, moralisch jedoch trägt Maria den Sieg davon. Innerlich frei kann sie sich dem Henker stellen, während Elisabeth vereinsamt und moralisch gerichtet zurückbleibt.

Maria Stuart

In seinem 1801 uraufgeführten Drama *Die Jungfrau von Orleans* macht Schiller die französische Nationalheldin Jeanne d'Arc zur Protagonistin. Sie gerät in den tragischen Konflikt zwischen göttlicher Berufung und der Liebe zum feindlichen englischen Offizier Lionel. In Abänderung der historischen Fakten lässt Schiller seine Heldin die Gefahr des Verrates an ihrer Berufung durch ihren freiwilligen Tod in der Schlacht überwinden.

Schillers letztes vollendetes Werk, das Schauspiel *Wilhelm Tell* (1804), hat wiederum die Befreiung von Tyrannei als Thema. Es sollte Schiller erfolgreichstes Schauspiel werden. Goethe sagte:

Wilhelm Tell ist Schillers letztes vollendetes Werk.

---

9   Martin Neubauer: *Friedrich Schiller: Wilhelm Tell*, S. 57.

WILHELM TELL

2.3 Angaben und Erläuterungen zu wesentlichen Werken

„Durch alle Werke Schillers geht die Idee von Freiheit, und diese Idee nahm eine andere Gestalt an, so wie Schiller in seiner Kultur weiter ging und selbst ein anderer wurde. In seiner Jugend war es die physische Freiheit, die ihm zu schaffen machte und in seine Dichtung überging, in seinem späteren Leben die ideelle."[10]

10 Zitiert nach Nordmann: *Wilhelm Tell*, S. 21.

3. TEXTANALYSE UND -INTERPRETATION

3.1 Entstehung und Quellen

ZUSAMMEN-
FASSUNG

1801–	schreibt Schiller am *Wilhelm Tell*. Er benutzt
1804	verschiedene historische Quellen.
1804	fand die Uraufführung des Stücks in Weimar statt. Angeregt wurde Schiller durch Goethe und die aktuelle napoleonische Okkupation der Schweiz.

Darüber, wie Schiller dazu kam, den *Wilhelm Tell* zu schreiben, gibt es zwei Versionen. Goethe soll nach einem Besuch der Schweiz die Idee gehabt haben, ein Werk über Wilhelm Tell zu schreiben, das Projekt dann aber aus Zeitmangel seinem Freund Schiller überlassen haben. Hierfür gibt es jedoch außer der Aussage Goethes gegenüber Eckermann im Gespräch vom 6. Mai 1827 keine weiteren Belege[11].

Die zweite Version basiert auf dem im Kreis der Jenaer Romantiker kursierenden Gerücht, dass Schiller Anfang des Jahres 1801 an einem Tell-Drama schreibe. Friedrich Rochlitz berichtet in seinen Erinnerungen aus dem Jahr 1801 sogar, dass bei seinem Besuch bei Schiller bereits mehrere Hauptszenen des Stückes fertig ausgearbeitet vorgelegen hätten[12].

Beide Versionen werden heute in Zweifel gezogen. Tatsache hingegen ist, dass Schiller sich Ende 1801 aus der Weimarer Bibliothek Johannes von Müllers *Geschichte der Schweizer Eidgenos-*

---

11 Vgl. *Goethes Gespräche*, S. 131–133.
12 Vgl. Frank Suppanz: *Friedrich Schiller: Wilhelm Tell. Erläuterungen und Dokumente*, S. 85.

| 1 SCHNELLÜBERSICHT | 2 FRIEDRICH SCHILLER: LEBEN UND WERK | 3 TEXTANALYSE UND -INTERPRETATION |

3.1 Entstehung und Quellen

senschaft und einige Zeit später dann Hallers *Bibliothek der Schweizer Geschichte* und Tschudis *Chronicon Helveticum* ausgeliehen hat. Im März bat er seinen Verleger Cotta, ihm eine genaue „Special Charte von dem Waldstättersee und den umliegenden Cantons"[13] zu beschaffen.

Über seine Motive und Schwierigkeiten mit dem Stoff schreibt Schiller am 9. September 1802 an Körner:

„Weil die Nachfrage nach diesem Stück immer wiederholt wurde, so wurde ich aufmerksam darauf und fing an, Tschudis Schweizerische Geschichte zu studieren. Nun ging mir ein Licht auf, denn dieser Schriftsteller hat einen so treuherzigen herodotischen, ja fast homerischen Geist, dass er einen poetisch zu stimmen imstande ist. – Obgleich nun der Tell einer dramatischen Behandlung nichts weniger als günstig erscheint, da die Handlung dem Ort und der Zeit nach ganz zerstreut auseinanderliegt, da sie großteils eine Staatsaktion ist und (das Märchen mit dem Hut und Apfel ausgenommen) der Darstellung widerstrebt, so habe ich doch bis jetzt so viele poetische Operation damit vorgenommen, dass sie aus dem Historischen hinaus und ins Poetische eingetreten ist."[14]

Diese ursprünglichen Überlegungen Schillers behielten aber nicht die Oberhand. Er poetisierte den Stoff erheblich weniger als etwa bei der *Jungfrau von Orleans* oder bei der *Braut von Messina*. Es gelang ihm vielmehr eine geglückte Synthese zwischen historisch-politischem und poetischem Drama.

---

13 Schiller: *Briefe*, Band 6, S. 365.
14 Ebd., S. 414 f.

3.1 Entstehung und Quellen

Bei den Volksszenen und der Staatsaktion hat sich Schiller wohl durch Shakespeares *Julius Caesar*, dessen Aufführung er während der Arbeit am *Wilhelm Tell* besuchte, anregen lassen[15]. Die beiden Handlungsstränge – Schweizer Volksaufstand gegen die Habsburger Vögte und die Selbsthilfeaktion Tells – hat Schiller hingegen aus Tschudis Chronik übernommen. Auch die Tötung des Vogts durch Baumgarten und die Geschichte der Blendung des Vaters durch Arnold vom Melchthal hat Schiller bei Tschudi gefunden. Die Geschichte um Ulrich von Rudenz und Bertha von Bruneck ist hingegen Schillers eigene Schöpfung; Tschudi erwähnt lediglich ihre Namen.

Einflüsse, Quellen und Erfindungen

Am 18.8.1803 berichtet Schiller Wilhelm von Humboldt von seinen Mühen mit dem Stoff des Dramas, tröstet sich aber mit dem zu erwartenden Erfolg des Stücks. Auch seinem Schwager Wilhelm von Wolzogen gegenüber äußert sich Schiller zur zu erwartenden Publikumswirksamkeit:

„Die Aktien stehen also nicht schlecht, auch bin ich leidlich fleißig und arbeite an dem Wilhelm Tell, womit ich den Leuten den Kopf wieder warm zu machen gedenke. Sie sind auf solche Volksgegenstände ganz verteufelt erpicht, und jetzt besonders ist von der schweizerischen Freiheit desto mehr die Rede, weil sie aus der Welt verschwunden ist."[16]

Schiller spielt hier auf die aktuelle politische Situation an: Die Schweiz, die als das Land der republikanischen Freiheit galt, war von Napoleon 1798 besetzt worden. Die Schweiz wurde französisches Protektorat mit einer aufgezwungenen französischen Ver-

---

15 Schiller: *Briefe*, Band 7, S. 30 f.
16 Ebd., S. 89 f.

3.1 Entstehung und Quellen

fassung. Die alte Eidgenossenschaft hatte (offiziell) aufgehört zu existieren.

Nach Vollendung des ersten Akts bespricht sich Schiller mit Goethe; nachdem dieser Schillers Arbeit zugestimmt hat, lässt Schiller den ersten Akt und die Rütli-Szene auch Iffland zukommen. Am 18. Februar 1804 kann Schiller den Abschluss des *Wilhelm Tell* in seinem Kalender festhalten: „Den Tell beendigt."[17]

---

17 Vgl. Suppanz, S. 101.

4. REZEPTIONS-GESCHICHTE	5 MATERIALIEN

3.2   Inhaltsangabe

3.2 Inhaltsangabe

ZUSAMMEN-FASSUNG

Die drei Schweizer Urkantone Schwyz, Uri und Unterwalden leiden unter der Willkürherrschaft der Habsburger Vögte. Widerstand regt sich. Die drei Kantone schwören, sich auf dem Rütli beizustehen. Der Jäger Wilhelm Tell wird vom Landvogt Geßler gezwungen, einen Apfel vom Kopf seines Sohnes zu schießen. Als Tell Geßler tötet, wird das zum Fanal des Volksaufstandes, der mit der Befreiung der Schweiz endet.

Tell rettet Baumgarten vor den Schergen des Burgvogts. (1. Aufzug, 1. Szene)

Zerstörung der Idylle

In der Idylle des Vierwaldstätter Sees leben die Menschen zufrieden in Harmonie mit der Natur. Während sich der Fischer Ruodi, der Hirte Kuoni und der Alpenjäger Werni über ein herannahendes Gewitter unterhalten, kommt Konrad Baumgarten auf sie zugestürzt und fleht den Fischer verzweifelt an, ihn über den See zu setzen. Er ist auf der Flucht vor den Reitern des kaiserlichen Burgvogts Wolfenschließen. Baumgartner hat den Burgvogt mit der Axt erschlagen, weil der seine Frau vergewaltigen wollte. Ruodi ist die Überfahrt angesichts des sturmgepeitschten Sees jedoch zu gefährlich; er weigert sich, Baumgart überzusetzen. Der zufällig vorbeikommende Wilhelm Tell ist, als er von Baumgartens Situation erfährt, sofort bereit, die gefährliche Überfahrt zu unternehmen und Baumgarten zu retten. Die Reiter des Burgvogts kommen zu spät. Wütend fallen sie über die Herden der Anwesenden her und brandschatzen ihre Hütten.

**Gertrud Stauffacher überzeugt ihren Mann, etwas gegen die österreichischen Unterdrücker zu unternehmen.
(1. Aufzug, 2. Szene)**

Pfeiffer von Luzern verabschiedet sich von seinem Gastfreund Werner Stauffacher. Er rät Stauffacher, sich möglichst nicht Österreich zu unterwerfen, sondern geduldig auf das Reich zu vertrauen. Stauffacher nimmt die Warnung sehr ernst, denn das Verhalten des Reichsvogts Geßler hat ihm gezeigt, wie gefährdet die Freiheit des Schweizer Volkes und wie unsicher auch sein eigener Wohlstand sind. Gertrud Stauffacher versucht, ihren Mann davon zu überzeugen, sich mit gleichgesinnten Freunden zu beraten, wie man sich von den Unterdrückern befreien könne. Sie macht ihm klar, dass die Willkür der Vögte nicht aufhören wird und dass das Volk mit Gottes Hilfe sich dagegen wehren müsse. Stauffacher gibt zu, solche Gedanken bereits schon heimlich gehabt zu haben. Aber er befürchtet, dass die Österreicher eine solche Verschwörung zum Anlass nehmen könnten, Krieg ins Land zu bringen und die Freiheitsrechte aufzukündigen. Er versucht, seiner Frau auch die Gräuel eines eventuellen Krieges klarzumachen. Gertrud erwidert ihm jedoch, dass auch die Schweizer kämpfen können, dass für sie der Tod immer noch besser sei als ein Leben in Knechtschaft. Stauffacher lässt sich schließlich von der Entschlusskraft seiner Frau überzeugen und will sich mit seinem Freund Walter Fürst und dem Bannerherrn Attinghaus treffen, um die Sache zu besprechen. Als er aufbrechen will, erscheinen Tell und Baumgarten, denen die Flucht gelungen ist. Baumgartner ist nun in Sicherheit und findet Aufnahme bei Stauffacher.

3.2 Inhaltsangabe

Die Willkür der Unterdrücker; Tell will sich nicht binden lassen. (1. Aufzug, 3. Szene)

In Altdorf sehen Stauffacher und Tell, wie die Arbeiter vom Fronvogt unter unmenschlichen Bedingungen gezwungen werden, die Zwingburg Uri zu errichten. Beide äußern ihren Unmut über die Errichtung der Burg. Ein Hut wird auf einer Stange gebracht und ein Ausrufer verkündet, dass auf Befehl des Reichsvogts Geßler die Stange mit dem Hut auf dem Platz aufgestellt würde. Jeder Vorbeikommende müsse diesen Hut mit gebeugtem Knie und entblößtem Kopf grüßen, als sei es der Reichsvogt selbst. Wer diesem Befehl nicht nachkomme, verfalle mit Leib und Gut dem König. Stauffacher versucht vergeblich, Tell als Verbündeten zu gewinnen. Tell möchte sich nicht in die Politik einmischen. Er glaubt, man müsse nur geduldig abwarten, bis die Verhältnisse sich wieder bessern würden. Tell sagt Stauffacher jedoch zu, zur Stelle zu sein, wenn man ihn benötige. Als die beiden abgegangen sind, passiert auf der Burgbaustelle ein Unfall. Der Schieferdecker ist vom Dach gefallen und schwer verletzt. Als das adlige Fräulein Bertha von Bruneck mit Geld helfen will, wird sie von den erbosten Schweizern abgewiesen. Für die Schweizer zählt auch sie zu den Unterdrückern.

> Tell will sich nicht in die Politik einmischen.

Die Brutalität der Vögte – Verabredung zum Widerstand (1. Aufzug, 4. Szene)

Walter Fürst hat in seinem Haus den jungen Arnold vom Melchthal versteckt. Der hatte einem Diener des Landvogts von Landenberg den Finger gebrochen, als der ihm widerrechtlich sein Ochsengespann wegnehmen wollte. Als Stauffacher eintrifft, berichtet er, dass der Vogt Arnolds Vater beide Augen habe ausstechen lassen und ihn von seinem Besitz vertrieben habe, weil er nichts über den Aufenthaltsort seines Sohnes habe sagen wol-

WILHELM TELL 35

len. Als Arnold das hört, ist er verzweifelt, weil er seinen Vater alleingelassen hat. Er schwört dem Vogt blutige Rache. Nur mühsam können Fürst und Stauffacher ihn beruhigen. Sie beschließen schließlich, etwas gegen die Zwangsherrschaft der Österreicher zu unternehmen. Mit je zehn Verbündeten wollen sie sich auf dem Rütli treffen, um das weitere Vorgehen abzusprechen. Zum Schluss schwören sie sich, auf Leben und Tod zusammenzustehen.

Gespräch zwischen Werner von Attinghausen und seinem Neffen Ulrich von Rudenz (2. Aufzug, 1. Szene)

Auf seinem Herrensitz nimmt der greise Freiherr Werner von Attinghausen nach alter Sitte zusammen mit seinen Knechten den Frühtrunk ein. Sein hinzukommender Neffe Ulrich von Rudenz beteiligt sich nur widerwillig. Im anschließenden Gespräch zwischen Onkel und Neffen werden die unterschiedlichen Lebensauffassungen beider deutlich. Attinghausen hält seinem Neffen vor, nur noch ein Fremder im eigenen Land zu sein, den die Not seines Heimatlandes nicht kümmere. Ulrich von Rudenz kontert mit dem Hinweis auf die politische Realität. Die Schweiz müsse sich dem mächtigen Österreich unterwerfen, ihr Hirtenheer könne den Truppen Österreichs nicht widerstehen. Außerdem will er nicht mehr zum von Österreich verspotteten Bauernadel gehören, sondern auf dessen Seite Ehre erwerben. Attinghausen wirft ihm Verblendung und Verachtung seiner Landsleute vor. Er verhalte sich nur so würdelos, weil er in Bertha von Bruneck verliebt sei, die Österreich aber nur dazu diene, ihn an den Habsburger Hof zu binden. Ulrich verlässt darauf verärgert den Raum. Attinghausen ist verzweifelt und wünscht sich, die neue Zeit nicht mehr erleben zu müssen.

Onkel und Neffe: unterschiedliche Ansichten

3.2 Inhaltsangabe

Filmszene mit dem Rütlischwur aus *Wilhelm Tell – Burgen in Flammen*, Schweiz 1960, © Cinetext

Der Rütlischwur
(2. Aufzug, 2. Szene)

Auf dem Rütli treffen zum vereinbarten Zeitpunkt die Abgesandten der drei Waldstätten Schwyz, Uri und Unterwalden zusammen. Melchthal berichtet von seiner Begegnung mit dem geblendeten Vater. Er habe aber auf Rache verzichtet und stattdessen als Bote der Verschwörer die ganze Schweiz durchwandert. Überall sei man verbittert über die Gewalt der Vögte und unterstütze die Verschwörer. Als alle anwesend sind, regelt man gemeinsam die Formalien. Die bisher getrennt aufgetretenen Gruppen handeln nun als ein Volk. Der Altlandammann Reding wird zum Vorsitzenden gewählt. Stauffacher benennt den Zweck der Zusammenkunft: Man will die alte Eidgenossenschaft erneuern. Er ruft die gemeinsame Wurzel als ein Volk in Erinnerung und erzählt die alte Entstehungsgeschichte der Schweiz. Man habe sich freiwillig

3.2 Inhaltsangabe

unter den Schutz des Kaisers begeben und ihm dafür Waffendienst versprochen. Wenn der Kaiser aber diese Vereinbarung breche, dürfe man sich auch mit Waffengewalt wehren. Der Einwurf des Pfarrers, man könne die Tyrannei Österreichs beenden, wenn man sich unterwerfen würde, wird abgelehnt. Wer sich mit Österreich verbünde, werde ausgestoßen. Redings Vorschlag, die Beschwerden erst dem König vorzutragen, wird verworfen, als Konrad Hunn von seinem erfolglosen Besuch auf der Kaiserpfalz berichtet. Vom Kaiser sei keine Gerechtigkeit zu erwarten, man müsse sich selbst helfen. Walter Fürst mahnt die Anwesenden zur Besonnenheit; man solle die Rechte des Kaisers achten und Blutvergießen möglichst vermeiden. Schließlich bespricht man das weitere Vorgehen. Man will nur die Vögte vertreiben, alle alten Herrschafts- und Rechtsverhältnisse sollen bestehen bleiben. Da man Zeit braucht, um die Burgen der Vögte zu erobern, verschiebt man den Aufstand bis Weihnachten. Das Treffen endet mit dem Schwur, ein freies Volk von Brüdern zu sein, die sich in Gefahr und Not beistehen.

Man will ein freies Volk von Brüdern sein.

Tells Zuhause; Tells Frau sorgt sich.
(3. Aufzug, 1. Szene)

Tells Frau Hedwig ist besorgt über Tells Kühnheit. Sie fürchtet, dass der Landvogt Geßler, den Tell im Gebirge verängstigt und schwach erlebt hat, ihm dies nicht verzeihen werde. Tell versucht, ihre Sorgen zu zerstreuen; er will mit Sohn Walther zu seinem Schwiegervater nach Altdorf aufbrechen. Hedwig versucht vergeblich, ihn davon abzuhalten, da sich Geßler auch in Altdorf aufhält.

3.2 Inhaltsangabe

**Bertha von Bruneck zieht Ulrich von Rudenz
auf die Seite der Schweizer.
(3. Aufzug, 2. Szene)**

Während einer Jagd gelingt es Ulrich, Bertha allein im Wald zu treffen. Er gesteht ihr seine Liebe und muss bestürzt erkennen, dass Bertha ihn ablehnt, weil er auf Seiten Österreichs steht und sein eigenes Volk verrät. Sie sieht Österreich als Unterdrücker der Schweiz und hält zum einfachen Volk. Sie selbst solle an den Kaiserhof gelockt werden, um dort mit einem Günstling verheiratet zu werden, damit der Kaiser an ihre Ländereien in der Schweiz kommen kann. Ulrich gesteht, dass er nur auf Seiten Österreichs stehe, um Bertha zu gewinnen. Er ist bereit, sich von Österreich zu lösen und mit Bertha in der Schweiz zu leben, weiß allerdings noch nicht, wie er den Kopf aus der selbst umgelegten Schlinge ziehen soll.

**Tells Apfelschuss
(3. Aufzug, 3. Szene)**

Die beiden Soldaten Friesshardt und Leuthold langweilen sich bei der Bewachung des Hutes. Die Leute meiden den Platz. Während Friesshardt gerne jemanden verhaften würde, empfindet Leuthold ihre Aufgabe als lächerlich und unwürdig. Er ist bereit, ein Auge zuzudrücken und nicht genau hinzusehen. Tell und sein Sohn erscheinen, vertieft im Gespräch. Tell erklärt Walther die Freiheit der Schweiz. Er ignoriert den Hut und wird von den beiden Wächtern verhaftet. Walther ruft die Umstehenden um Hilfe an. Der Pfarrer verteidigt Tell als Ehrenmann; Walther Fürst will für ihn bürgen, aber die Wächter lassen sich arrogant und schroff auf keine Diskussion ein. Als die Stimmung für die Wächter immer bedrohlicher wird, erscheint der Landvogt Geßler mit Gefolge. Geßler lässt sich das Geschehen erzählen. Er erkennt Tells

Tell erklärt seinem Sohn die Freiheit der Schweiz.

WILHELM TELL   39

3.2 Inhaltsangabe

Tells „Apfelschuss", Federlithographie um 1850, © akg-images

Entschuldigung nicht an und befiehlt ihm, einen Apfel vom Kopf seines Sohnes zu schießen. Tell ist entsetzt und bittet um Gnade, aber Geßler bleibt bei seinem Befehl. Er lässt sich auch durch die Bitten der Umstehenden sowie Berthas, die sich mit Ulrich von Rudenz in seinem Gefolge befindet, nicht erweichen. Tell bietet Geßler sein eigenes Leben an, aber Geßler besteht auf dem Schuss. Während Ulrich den Vogt zur Rede stellt, sich von ihm lossagt und sich auf die Seite der Schweizer stellt, schießt Tell den Apfel vom Kopf seines Sohnes. Geßler ist verblüfft und fragt Tell, warum er noch einen zweiten Pfeil aus dem Köcher gezogen habe. Nachdem Geßler Tells Begründung, es sei Jägerbrauch, nicht akzeptiert und ihm das Leben versprochen hat, bekennt Tell offen, dass der zweite Pfeil für Geßler bestimmt gewesen sei, falls er seinen Sohn getroffen hätte. Der wütende Geßler lässt Tell verhaften und nach Küßnacht ins Verließ bringen.

Tell wird verhaftet.

3.2 Inhaltsangabe

Tell entkommt aus der Gefangenschaft.
(4. Aufzug, 1. Szene)

Am Ufer des Vierwaldstätter Sees erzählt Kunz von Gersau einem Fischer, der wegen des starken Sturms nicht auf den See hinausfahren kann, dass die Sache der Schweiz schlecht stehe. Tell sei gefangen genommen worden, und der Freiherr von Attinghausen liege im Sterben. Als Kunz gegangen ist, beobachtet der Sohn des Fischers das Schiff des Landvogts in Seenot. Da erscheint Tell. Er konnte während des Sturms vom Schiff fliehen. Tell lässt sich den Weg nach Küßnacht zeigen, weil er weiß, dass Geßler dort entlangkommen wird. Er bittet den Fischer, seine Frau über seine Rettung zu informieren.

Tell gelingt die Flucht.

Attinghausen stirbt; der Aufstand beginnt.
(4. Aufzug, 2. Szene)

Die Freunde Attinghausens haben sich an seinem Sterbebett versammelt. Tells Frau Hedwig erscheint, um ihren Sohn zu sehen. Sie ist wütend über die vergangenen Ereignisse und wirft den Anwesenden vor, nichts gegen Tells Verhaftung getan zu haben. Als Attinghausen noch einmal erwacht, fragt er nach seinem Neffen und beklagt die Situation der Schweiz. Stauffacher erzählt ihm, dass sich Ulrich mutig gegen den Landvogt gestellt habe und wieder auf der Seite der Schweiz sei. Als sie ihm auch von ihrer erneuerten Eidgenossenschaft berichten, hat Attinghausen die Vision einer freien Schweiz. Er beschwört die Anwesenden zur Einigkeit und stirbt. Als Ulrich erscheint, ist er unglücklich, dem Onkel nicht mehr über seinen Sinneswandel berichten zu können. Er schwört ihm aber, von nun an das Volk in seinem Kampf um die Freiheit zu unterstützen. Die anderen sind jedoch noch skeptisch. Erst als Ulrich gesteht, über den Rütlischwur Bescheid gewusst, aber darüber geschwiegen zu haben, gewinnt er ihr Vertrauen. Ulrich treibt

Attinghausens Vision einer freien Schweiz

die anderen zu schnellem Handeln an, nicht zuletzt deshalb, weil Bertha von Geßler verschleppt worden ist.

Tell tötet Geßler.
(4. Aufzug, 3. Szene)

Tell wartet in der hohlen Gasse nach Küßnacht auf Geßler. Er will ihn töten und reflektiert über seine Gründe für die Tat. Dadurch, dass Geßler ihn mit seinem unmenschlichen Befehl zum Apfelschuss gezwungen hat, hat er Tell verändert. Er hat sich geschworen, Geßler zu töten, um seine Familie zu schützen; er sieht es als Notwehr. Da der Vogt sich selbst nicht an die Gesetze hält und Gräueltaten verübt, sieht sich auch Tell nicht mehr an den Gehorsam ihm gegenüber gebunden. Er betrachtet seine Tat sogar als Strafe Gottes. Eine Hochzeitsgesellschaft und das Gespräch mit dem Flurschütz Stüssi lenken Tell kurz ab, aber dann erscheint Geßler in Begleitung Rudolph des Harras. Seine restliche Begleitung ist durch die Hochzeitsgesellschaft aufgehalten worden. Geßler diskutiert mit Rudolph seine Unterdrückungspolitik, als sich ihm die Bäuerin Armgard mit ihren Kindern in den Weg stellt. Sie fleht ihn um Gnade für ihren Mann an. Während Rudolph die Frau zu beschwichtigen versucht, bleibt Geßler gnadenlos und kündigt sogar noch härtere Gesetze an, um den Starrsinn des Volkes zu brechen. In dem Augenblick, als er Armgard und ihre Kinder niederreiten will, wird Geßler von Tells Pfeil getroffen. Geßler ahnt sofort, wer auf ihn geschossen hat; Tell gibt sich als Schütze zu erkennen. Die Hochzeitsgesellschaft steht erschrocken, aber mitleidlos um den sterbenden Geßler. Sie begreifen langsam, dass der Tod Geßlers für sie die Befreiung bedeutet und sehen ihn als gottgewollt an. Rudolph erkennt die Tragweite von Tells Tat und eilt nach Küßnacht, um dem Volksaufstand entgegenzutreten.

Tell tötet Geßler, um seine Familie zu schützen.

3.2 Inhaltsangabe

Der Volksaufstand beginnt.
(5. Aufzug, 1. Szene)

Als die Bewohner von Altdorf erfahren, dass in Schwyz und Unterwalden die Zwingburgen vom Volk schon zerstört wurden, wollen sie auch die Zwingburg Uri stürmen. Walther Fürst, der erst gesicherte Nachricht abwarten will, kann sie nicht aufhalten. Melchthal erscheint und berichtet Walther Fürst, dass die Burgen Sarnen und Roßberg von ihm und Ulrich von Rudenz zerstört worden seien. Dabei habe Ulrich Bertha von Bruneck, die hier auf Befehl Geßlers eingesperrt war, aus den Trümmern der brennenden Burg gerettet. Er selbst habe den Vogt Landenberg gefangen genommen und vor seinen von ihm geblendeten Vater gebracht. Der aber habe den Vogt gegen das Versprechen, das Land für immer zu verlassen, begnadigt. Walther ist froh, zu hören, dass der Aufstand ohne Blutvergießen abgelaufen ist. Als einige Leute mit Geßlers Hut und der Stange erscheinen, bestimmt Walther, dass der Hut als Zeichen der Freiheit aufbewahrt werden solle. Alle feiern den Sieg über die Tyrannen, aber Walther warnt sie vor der Strafaktion des Königs. Da erscheinen Rösselmann und Stauffacher; sie berichten, dass König Albrecht von seinem Neffen Johann ermordet worden sei und er sich mit seinen Mittätern auf der Flucht vor der Rache der Königstochter, der Königin Agnes von Ungarn, befände. Als ein Brief der Königswitwe eintrifft mit der Bitte, aus Dankbarkeit dem ermordeten König gegenüber seinen Mördern keine Hilfe zu bieten und sie auszuliefern, lehnen die Schweizer ihr Ansinnen ab. Sie haben keinen Grund, dem ermordeten König dankbar zu sein. Schließlich fragt Stauffacher nach Wilhelm Tell, durch dessen Tat die Befreiung erst gelingen konnte. Alle ziehen daraufhin zu Tells Haus, um ihm zu danken.

Randnotizen:
Zerstörung der Zwingburgen

Ermordung des Königs durch seinen Neffen

3.2 Inhaltsangabe

Tell rechtfertigt seine Tat vor dem Königsmörder.
(5. Aufzug, 2. Szene)

Im Hause Tells wartet man freudig auf den Vater, als ein merk-
würdiger Mönch erscheint. Hedwig merkt an seinem Verhalten
schnell, dass er kein richtiger Mönch sein kann. Als Tell eintrifft,
erkennt er, dass es sich bei dem falschen Mönch um den Königsmörder Johann handelt. Tell schickt seine Familie weg. Er bekun-
det seine Abscheu vor dem Verwandtenmörder und verwehrt sich
gegen Johanns Vergleich ihrer beiden Taten. Tell macht Johann
klar, dass er einzig aus Notwehr zum Schutz seiner Familie und zur
Befreiung seines Volkes gehandelt habe. Johanns Motive seien jedoch Ehrsucht und Habgier gewesen. Dennoch hat Tell Mitleid mit
dem Verzweifelten. Er rät ihm, nach Rom zum Papst zu pilgern, um
ihn um Vergebung zu bitten. Tell beschreibt Johann den Weg über
die Alpen und versorgt ihn mit Proviant. Als sie die Eidgenossen
kommen hören, verlässt Johann Tells Haus.

Tell hilft dem Königsmörder.

Freie Bürger in einem freien Land
(5. Aufzug, 3. Szene)

Die Menschen bejubeln Tell als ihren Befreier. Bertha wird auf
ihre Bitte hin als Bürgerin aufgenommen. Sie verlobt sich mit Ulrich. Ulrich verkündet die Aufhebung der Leibeigenschaft seiner
Knechte.

3.3 Aufbau

3.3 Aufbau

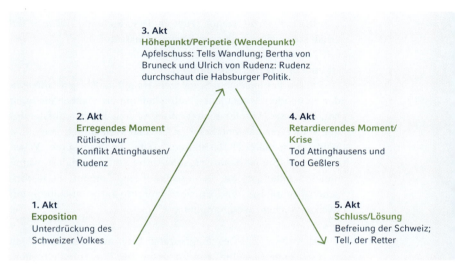

Dramenaufbau

Formal gesehen ist *Wilhelm Tell* ein fünfaktiges Schauspiel, das sich weitgehend an die klassische Bauform hält. Auffallend ist, dass das Stück in sehr wenige Szenen unterteilt ist. Dadurch erhält die einzelne Szene ein höheres Gewicht. Schiller kann auf diese Weise Handlungsabschnitte, die inhaltlich zusammengehören, geschlossener darstellen. Da Schiller nach eigenen Angaben mit *Wilhelm Tell* ein „Volksstück"[18] schreiben wollte, baute er mehrere,

Klassische Bauform, wenige Szenen

---

18 Vgl. u. a. Schillers Briefe an seinen Schwager Wilhelm von Wolzogen vom 27. Oktober 1803 und an Iffland vom 9. November 1803.

wohl an Shakespeare orientierte Volksszenen ein (z. B. II, 2; III, 3; IV, 3, V, 1). Auch die Lieder und die Verwendung von Musik (vgl. I, 1; III, 1; V, letzte Szene) gehen in diese Richtung. *Wilhelm Tell* erhält so ganz bewusst einen Festspielcharakter.

Haupt- und Nebenhandlungen

Schiller hat in seinem Stück zwei Haupthandlungen miteinander verbunden, wobei jede Haupthandlung eine Nebenhandlung hat. Die erste Haupthandlung ist die Geschichte des Aufstandes der Schweizer Kantone Schwyz, Uri und Waldstätten gegen die Willkürherrschaft der Habsburger Vögte, die sogenannte „Volkshandlung". Sie ist historisch sehr zutreffend geschildert, wenngleich Schiller sich die dichterische Freiheit nimmt, die historischen Ereignisse, die sich über mehrere Jahre hinzogen, auf wenige Wochen zu komprimieren.

„Allerdings: Ein Geschichtsdrama kann man den ‚Tell' doch nicht ohne Einschränkung nennen. Die Eigentümlichkeiten, mit der sich im Mittelalter politische Entwicklungen in Privilegien, Sonderrechten, Bestätigungen ausdrückten, die Art und Weise, wie Freiheiten (nicht die Freiheit) aus einander sich überlagernden, einander schwächenden Abhängigkeiten und Loyalitäten wuchsen – diese kaum begrifflich scharf zu definierende Buntheit und Lebensfülle, der es an vom Eigeninteresse distanzierter Bewusstheit weitgehend fehlte – diese Eigentümlichkeiten sind nicht Schillers Sache. Der ‚Geist der Zeit', den er im ‚Wallenstein' noch annäherungsweise auch in konkreten Einzelzügen zu fassen vermochte, er findet sich hier nicht wieder, an seine Stelle tritt die von der Aufklärung entwickelte, viel rationalere, politische und vor allem politisch-moralische Begrifflichkeit – und verbunden damit ein Rekurrieren auf einen

3.3 Aufbau

angenommenen arkadischen Naturzustand der Freiheitlichkeit.
Die Schweiz war für diesen ahistorischen Republikanismus,
diese ideale Vorstellung von Gemeinwesen (...) als Exempel betrachtet worden."[19]

Die Nebenhandlung ist der Handlungsstrang um Bertha von Bruneck und Ulrich von Rudenz. Neben ihrer Liebesgeschichte geht
es hier vor allem um den durch Berthas Einfluss zustande kom-
menden Wiederanschluss Ulrichs an seine Landsleute. Haupt- und
Nebenhandlung verschmelzen miteinander in IV, 2, als Ulrich von
Rudenz sich nach dem Tod seines Onkels zu den Aufständischen
bekennt.

Die zweite Haupthandlung ist die sogenannte „Tell-Handlung".   Tell-Handlung
Hier greift Schiller auf die ahistorische Tell-Legende zurück. Schiller legte großen Wert auf diese Figur:

> „Wenn Tell und seine Familie nicht der interessanteste Gegen-
> stand des Stückes sind und bleiben, wenn man auf etwas ande-
> res begieriger sein könnte als auf ihn, so wäre die Absicht des
> Werkes sehr verfehlt worden."[20]

Die Nebenhandlung ist hier die sogenannte Parricida-Handlung.   Parricida-
Johannes Parricida bildet quasi die „negative Parallelfigur"[21] zu   Handlung
Tell. Beide haben getötet, Parricida einen Verwandten aus eigen-
nützigen Gründen, Tell hingegen einen Tyrannen aus Notwehr.
Wie wichtig ihm die Figur des Parricida war, betont Schiller in
einem Schreiben an Iffland:

---

19 Henning Rischbieter: *Friedrich Schiller* , 2. Band, S. 79.
20 Antwort Schillers auf Ifflands Fragebogen, April 1804, zitiert nach Rischbieter, S. 85.
21 Geist, S. 35.

3.3 Aufbau

„Parricidas Erscheinen ist der Schlussstein des Ganzen. Tells Mordtat wird durch ihn allein moralisch und poetisch aufgelöst. Neben dem ruchlosen Mord aus Impietät und Ehrsucht steht nunmehr Tells notgedrungene Tat, sie erscheint schuldlos in der Zusammenstellung mit einem ihr ganz unähnlichen Gegenstück, und die Hauptidee des ganzen Stücks wird eben dadurch ausgesprochen, nämlich: ‚Das Notwendige und Rechtliche der Selbsthilfe in einem streng bestimmten Fall‘."[22]

Chronologie und Örtlichkeiten

Raffung der Handlung auf einen Zeitraum von wenigen Wochen

Die Handlung des *Wilhelm Tell* erstreckt sich nur über wenige Wochen. Schiller hat hier den sich tatsächlich über mehrere Jahrzehnte hinziehenden Verlauf der Volksbefreiung der Schweizer bühnenwirksam gerafft. Handlungsort des Stücks ist der Vierwaldstätter See mit den drei Schweizer Urkantonen Uri, Schwyz und Unterwalden.

---

22 Ebd., S. 90.

3.4 Personenkonstellation und Charakteristiken

3.4 Personenkonstellation und Charakteristiken

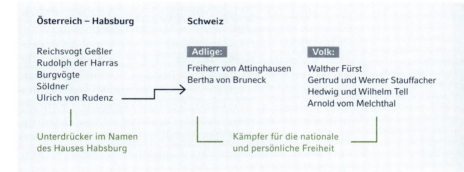

Wilhelm und Hedwig Tell

Die Titelfigur, der Alpenjäger Wilhelm Tell, zeigt sich gleich bei seinem ersten Auftreten als selbstlos und hilfsbereit. Er ist sofort bereit, dem verfolgten Baumgarten zu helfen (vgl. V. 151 ff.). Seine Tapferkeit, die jedoch auch mit Geschicklichkeit verbunden und mitunter mit Tollkühnheit gepaart ist (vgl. V. 1491 ff.), gilt als einzigartig (vgl. V. 164). Selbst seine Gegner erkennen das an und bitten ihn in der Not sogar um Hilfe (vgl. die Soldaten und Geßler während des Sturms, V. 2240 ff.). Tell ist ein Mann der Tat und kein Freund vieler Worte. Seine Auffassungen gibt er oft in kurzen Formulierungen wieder, die fast schon den Charakter von Sprichwörtern haben (vgl. u. a. die Verse 139, 1514, 1532, 2683 ff.). Mit ihnen kann Tell leicht kontern und erspart sich so die argumentative Auseinandersetzung[23]. Er ist ein Einzelgänger, der sich, wie bei der Jagd, am liebsten nur auf sich selbst verlässt (vgl. die Verse

---

23 Vgl. Neubauer, S. 15 f.

| 1 SCHNELLÜBERSICHT | 2 FRIEDRICH SCHILLER: LEBEN UND WERK | 3 TEXTANALYSE UND -INTERPRETATION |

3.4 Personenkonstellation und Charakteristiken

437, 1846 ff.), dessen Handeln aber auch in einem starken Gottvertrauen begründet ist (vgl. zum Beispiel die Verse 151, 1510, 2096, 2098, 2212, 2246, 2262). Tell ist zwar zu jeder Zeit bereit, einzelnen Mitmenschen zu helfen, aber der Gemeinschaft steht er distanziert bis ablehnend gegenüber (vgl. u. a. V. 432 ff.). Das einzige „Beziehungssystem", in dem Tell steht, ist die Familie: „Die Familie steht im Zentrum seines Denkens, aber nicht nur seine eigene, sondern die Familie *als solche,* als Institution des natürlichen Urzustandes."[24] So begründet er seine Rettungstat für Baumgartner damit, dass er den Kindern den Vater erhalten wollte (vgl. V. 1528 f.); der politischen Diskussion mit Stauffacher versucht er sich dadurch zu entziehen, dass er anführt, seine Familie entbehre des Vaters (vgl. V. 416).

Tell ist ein unpolitischer Mensch.

Politisch ist Tell desinteressiert. Er versucht daher, sich entweder der politischen Diskussion zu entziehen (vgl. V. 414 ff.) oder zeigt eine erschreckende politische Naivität. „Er ist ohne politische Sensibilität und Einfühlungsvermögen"[25]. Das zeigt sich beispielsweise in seiner völligen Fehldeutung von Geßlers zukünftigem Verhalten nach ihrer Begegnung im Gebirge (vgl. V. 1548 ff.). Tell erkennt – im Gegensatz zu seiner Frau – nicht, dass der bloßgestellte Geßler sich an Tell rächen wird, und unterschätzt den Vogt völlig (vgl. die Verse 1543 f., 1572). Von gleicher Naivität ist Tells Ansicht zur politischen Situation in seiner Heimat. Seine Auffassung, man solle nur friedlich das Ende der Tyrannei abwarten, und wenn man friedlich bliebe, würden auch die Vögte friedlich sein (vgl. V. 420 ff.), zeigt seine völlige Fehleinschätzung der politischen Lage. Tell gibt selbst zu, dass politische Dispute nicht seinem Wesen entsprechen würden und bittet Stauffacher, ihn in politischen

---

24 Vgl. Geist, S. 59.
25 Nordmann: *Wilhelm Tell,* S. 54.

50

Dingen außen vor zu lassen (vgl. V. 442 f.). Bezeichnenderweise ist Tell beim Rütlischwur nicht dabei. Mit der brutalen politischen Realität wird Tell nach seiner Verhaftung aber selbst konfrontiert. Er ist achtlos am Hut auf der Stange vorbeigegangen – „achtlos auch, weil Tell so enervierend unpolitisch ist"[26]. Zunächst versucht Tell, die Sache zu bagatellisieren, ist sogar bereit, sich Geßler zu unterwerfen (vgl. V. 1870 ff.). Als Geßler ihm aber befiehlt, den Apfel vom Kopf seines Sohnes zu schießen, trifft er Tell an seiner empfindlichsten Stelle: als Familienvater. Tells innerer Kampf wird vor allem pantomimisch dargestellt (vgl. Regieanweisungen nach V. 1990). Vordergründig benimmt sich Tell scheinbar wie immer. Ohne auf das Ergebnis der Intervention Ulrich von Rudenz' zu warten, handelt er und schießt den Apfel vom Kopf seines Sohnes. Naiv glaubt er Geßlers Zusicherung und gesteht ehrlich, wozu der zweite Pfeil gedient hätte.

Aber Tells Einstellung hat sich geändert. Er ist nicht mehr bereit, den Soldaten und Geßler in Seenot zu helfen. Vielmehr nutzt er die Situation aus, um zu entfliehen, und überlässt sie ihrem Schicksal (vgl. V. 2224 ff.). Auch sprachlich zeigt sich Tells Wandel. War er bisher kein Freund vieler Worte und langen Reflektierens (vgl. V. 443), so hält er jetzt einen langen Rechtfertigungsmonolog (vgl. V. 2561 ff.). Dann tötet Tell Geßler, als der wieder seine ganze Unmenschlichkeit und Brutalität zeigt (vgl. V. 2717 ff., insbesondere V. 2733 ff.; auch hier bedroht Geßler wieder eine Familie), aus dem Hinterhalt. „Die Zeit der offenen Konfrontation, die Tells Naivität entsprang"[27], die Zeit seiner naiven Geradlinigkeit ist vorbei.

Im Gespräch mit dem Königsmörder Johannes Parricida grenzt Tell sein Handeln klar von der Tat des „Vatermörders" ab und öff-

Tells Wandlung

---

26 Rischbieter, S. 87.
27 Vgl. Geist, S. 52.

net Parricida so die Augen, seine eigene Schuld zu erkennen. Er hat jedoch auch Mitleid mit dem Verzweifelten, zeigt ihm den Sühnepfad nach Rom auf und verhilft ihm zur Flucht.

Die Armbrust, die ursprünglich zu seinem Wesen gehörte (vgl. V. 1537), trägt Tell nach dem Mord an Geßler nicht mehr (vgl. V. 3137 ff.). „Den Verzicht auf die Waffe könnte man als Indiz werten, dass er aus seinem Einzelgängertum in ein Leben in der Gemeinschaft getreten ist (...), statt sich selbst zu schützen, genießt er nun den Schutz der Gemeinschaft."[28]

Hedwig Tells Gespür für die Realität

Wilhelm Tells Frau Hedwig besitzt im Gegensatz zu ihrem Mann Besonnenheit und psychologisches Einfühlungsvermögen. So erkennt sie im Gegensatz zu Tell direkt die Gefahr, die ihnen durch Geßler droht (vgl. V. 1571 f.) und warnt ihren Mann (vergeblich), ihm aus dem Weg zu gehen. Sie kritisiert Tells ihrer Meinung nach teilweise unüberlegten Wagemut und bittet ihn, mehr an seine Familie zu denken (vgl. V. 1525 ff.). Dass Tell auf den Apfel auf dem Kopf seines Sohnes (wenn auch gezwungen) geschossen hat und damit das Leben seines Kindes gefährdet hat, kann Hedwig nicht akzeptieren (vgl. V. 2316 ff.). Politisch erkennt sie direkt die Bedeutung der Verschwörung und ahnt auch die Rolle, die Tell dabei spielen wird (vgl. V. 1517 ff.). Nach Tells Verhaftung macht sie auch daher den Mitverschwörern Stauffacher und Fürst heftige Vorwürfe, nichts gegen seine Verhaftung unternommen zu haben, und führt ihnen ihre eigene Hilflosigkeit ohne Tell klar vor Augen (vgl. V. 2338 ff.). Als Tell nach der Ermordung Geßlers nach Hause zurückkehrt, erkennt Hedwig zwar den Zusammenhang zwischen Tells Tat und der Befreiung des Landes, spürt aber doch die Unsicherheit gegenüber Tell und seiner Tat (vgl. V. 3141 ff.).

---

28 Ebd., S. 53.

3.4 Personenkonstellation und Charakteristiken

Werner und Gertrud Stauffacher

Der reiche Freibauer Werner Stauffacher gehört neben Fürst und Melchthal zu den Initiatoren der Volkserhebung. Er repräsentiert den Kanton Schwyz und steht für den reifen Mann in der Mitte des Lebens. Stauffacher ist stolz darauf, ein freier Mann auf eigenem Erbe zu sein, und seinen Besitz als Lehen direkt vom Kaiser erhalten zu haben. Er ist freigiebig und gastfreundlich. So findet auch der verfolgte Baumgarten bei ihm Unterkunft und Schutz. Voller Sorge sieht Stauffacher jedoch die veränderten politischen Zustände. Da er sich seiner Pflichten gegenüber dem Kaiser voll bewusst ist, verunsichert ihn das aggressiv-feindliche Verhalten Geßlers umso mehr (vgl. V. 217 ff.). Er erkennt die Gefahren, die auf ihn und seine Familie, aber auch auf die gesamte Bevölkerung zukommen, fürchtet aber die Folgen eines gewaltsamen Widerstandes. Erst als ihn seine Frau von der Notwendigkeit, sich gegen die Willkür der Vögte zu wehren, überzeugt hat, beschließt er, sich mit Walther Fürst und dem Freiherrn von Attinghausen zu treffen. Die Volkserhebung geht also von seinem Entschluss aus, etwas gegen die Willkür der Vögte zu unternehmen. Stauffachers vorsichtiger Versuch, den allseits verehrten Tell für den Aufstand zu gewinnen, scheitert allerdings (vgl. V. 415 ff.). Er (Kanton Schwyz) lässt sich von diesem Rückschlag jedoch nicht entmutigen und schafft durch die Verbündung mit Fürst (Kanton Uri) und Melchthal (Kanton Unterwalden) die Keimzelle des Volksaufstandes (vgl. V. 512 ff.). In seiner Rede auf dem Rütli zeigt Stauffacher ein umfassendes, politisches Rechtsbewusstsein, das von den Erinnerungen an die germanische Gemeinfreiheit bis zu den ewigen Menschenrechten auf Selbstbestimmung und Widerstand reicht (vgl. V. 1155 ff., insbesondere V. 1275 ff.). „Selten ist die naturrechtlich begründete Menschenrechtsdeklaration so

> Stauffacher will etwas gegen die Willkür der Vögte unternehmen.

groß und zwingend-gedrängt ausgesprochen worden"[29]. Nach dem Rütlischwur ist es Stauffacher, der vor voreiligem Handeln mahnt, aber auch die Notwendigkeit des Kampfes erkennt (vgl. V. 1454 ff.). Nach der Ermordung des Kaisers erkennt Stauffacher die daraus entstandenen politischen Vorteile für sein Land und weiß diese zu nutzen (vgl. V. 3016 ff.). Obwohl Stauffacher eigentlich der geistige Kopf des Volksaufstandes ist, spielt er sich nicht in den Vordergrund, sondern stellt Tell und seine Tat als Retter der Schweizer Freiheit dar (vgl. V. 3083 ff.).

Gertrud Stauffacher ist stolz, aus einem politisch aktiven Haus zu stammen (vgl. V. 240 ff.). Seit ihrer Jugend ist sie politisch interessiert und hat sich eine gewisse politische Weitsicht erworben. Klar analysiert sie die momentane Situation und zeigt ihrem Mann die Gefahren der Habsburger Politik auf (vgl. V. 250 ff.). Sie rät ihm, sich mit den gleichgesinnten Männern der anderen betroffenen Kantone zu verbünden und die Freiheit notfalls auch gewaltsam zu verteidigen. Die Bedenken ihres Mannes bezüglich der Schrecken eines möglichen Krieges zerstreut sie durch ihren Kampfgeist (vgl. V. 312 ff.). Gertrud wirkt durch ihre Rede auf ihren Mann quasi wie ein „Handlungskatalysator"[30]. Er macht sich umgehend auf, sich mir Fürst und Attinghausen zu treffen, um mit ihnen zu beraten, wie man sich der Willkür der Vögte erwehren kann. Gertrud ist damit die eigentliche Initiatorin der Verschwörung.

Walther Fürst

Walther Fürst, der Schwiegervater Wilhelm Tells, gehört mit zu den treibenden Kräften des Volksaufstandes. Er erkennt die verwirrende politische Situation (vgl. V. 701 ff.) und schätzt auch die

---

29 Rischbieter, S. 82.
30 Neubauer, S. 22.

Vögte richtig ein (vgl. V. 623 ff.). Er ist jedoch auch vorsichtig. So hält er u. a. Arnold vom Melchthal, den er bei sich versteckt, vor übereiltem Handeln zurück. Fürst will erst die Ansicht aller betroffenen Kantone hören und schlägt ein Treffen auf dem Rütli vor. Er ist derjenige, der auch sonst stets zu Besonnenheit und Mäßigung aufruft und sich in schwierigen Situationen eine realistische Sehweise bewahrt (vgl. zum Beispiel die Verse 1353 ff., 3026 f., 3069 ff.). Ihm ist es zudem wichtig, dass der Volksaufstand unblutig abläuft (vgl. die Verse 1422 ff., 2915 f. u a.) und sich nur gegen das Unrecht der Vögte, nicht gegen das Reich richtet (vgl. die Verse 1357 f., 3026 f. u. a.). Fürst ist nicht nur der Vertreter des Kantons Uri, sondern er steht im Dreierbund auch für die besonnene ältere Generation.

Fürst rät zu Besonnenheit und Mäßigung.

Arnold vom Melchthal

Arnold vom Melchthal ist der jüngste der drei Anführer des Volksaufstandes. In seinem stürmischen, impulsiven, oft unüberlegten Handeln erinnert er stark an Schillers Helden aus den frühen Sturm-und-Drang-Dramen. Im Zorn hat er einem Knecht des Vogts Landenberg, der ihm sein Ochsengespann beschlagnahmen wollte, den Finger zerschlagen. Melchthal muss vor der Rache des Vogts fliehen und hält sich bei Walther Fürst verborgen. Als er erfährt, dass der Vogt aus Rache seinen Vater hat blenden lassen, will er sofort losstürmen, um sich für diese Willkür zu rächen. Auch nach Tells Verhaftung legt sich Melchthal sofort mit den Soldaten an (vgl. V. 1849). Er lässt sich aber immer wieder von Stauffacher und Fürst zurückhalten und belehren (vgl. die Verse 623 ff., 992 ff. u. a.). Melchthal meldet sich freiwillig, um im Kanton Unterwalden für den Volksaufstand zu werben. Es gelingt ihm, Gleichgesinnte um sich zu sammeln und zum Treffen der Verschwörer auf den Rütli zu führen. Auch ist er besonnen genug, heimlich die Festun-

Melchthal ist impulsiv und handelt oft unüberlegt.

gen auszuspionieren und so den Mitverschwörern wertvolle Informationen zu liefern (vgl. V. 1054 ff.). Melchthal ist zwar der Meinung, den Aufstand auch ohne den Adel führen zu können (vgl. V. 692 f.), ist aber bereit, seine Vorbehalte gegen Ulrich von Rudenz zu überwinden (vgl. V. 2488 ff.). Mit Rudenz gemeinsam erobert er die Festungen und befreit Bertha von Bruneck. Schließlich überwindet Melchthal sich sogar so weit, dass er sogar Landenberg, der seinen Vater geblendet hat, verschont, als der ihm auf der Flucht in die Hände fällt (vgl. V. 2903 ff.).

Hermann Geßler

Hermann Geßler ist Reichsvogt. Ursprünglich waren die Vögte vom König/Kaiser eingesetzt, um Recht und Ordnung aufrechtzuerhalten. Mit der Wahl Albrecht I. zum deutschen König (Kaiser) änderte sich das. Albrecht war nämlich zugleich auch Herrscher von Österreich, das die Schweiz gern dem eigenen Machtbereich eingliedern wollte. Um das zu erreichen, wurden die Vögte zu Unterdrückern (vgl. V. 2710 ff. u. a.).

Geßler: Reichsvogt, Tyrann und Despot

Die Angst vor Geßler und seiner despotischen Willkür ist in aller Munde, lange bevor er überhaupt persönlich auftritt. Er hasst das selbstbewusste und freiheitsliebende Schweizer Volk und lässt keine Gelegenheit aus, es zu demütigen (vgl. die Verse 216 ff., 393 ff. u. a.). Überall lässt er seine Zwingburgen als gut sichtbare Zeichen seiner Macht erbauen. Er tritt stets zu Pferde mit großem Gefolge und Söldnern auf. Ohne sein Gefolge ist er allerdings ein machtloser Feigling (vgl. V. 1548 ff.). Mächtig ist er zudem nur durch die vom Kaiser verliehene Funktion. Als jüngerer Sohn hat er seinen Titel nur geerbt und ist daher neidisch auf die Unabhängigkeit und das ererbte kaiserliche Lehen der Schweizer Freibauern (vgl. V. 260 ff.). Er selbst weiß nur zu gut von seiner Abhängigkeit vom Kaiser (vgl. V. 2710 ff.). „Das Maß der Ergebenheit nach

3.4 Personenkonstellation und Charakteristiken

oben sieht Geßler in der Stärke, mit der er nach unten tritt. Hinter der Festigung von Habsburgs Macht muss das Recht des Einzelnen zurückstehen"[31].

In der Apfelschuss-Szene zeigt Geßler besonders deutlich die Negativseiten seines Charakters. Voller Genugtuung nutzt er die Gelegenheit, Tell und mit ihm das ganze Schweizer Volk zu demütigen. Mit dem Befehl, auf seinen eigenen Sohn zu schießen, packt er Tell an seiner Schwachstelle – der Liebe zu seinem Kind. Geßler will die Situation aber nicht nur nutzen, um sich an Tell zu rächen, sondern auch, um dem Schweizer Volk seine Ohnmacht zu zeigen. Dass sich der verehrte Tell gar vor ihm niederwirft und ihn um Gnade anfleht, genießt Geßler daher umso mehr (vgl. V. 1903 ff.). Die Appelle und Gnadengesuche lassen ihn kalt. Zynisch-sadistisch stellt er seine Unmenschlichkeit sogar noch als Güte dar (vgl. V. 1932 ff.). Voller Wut muss er aber erleben, dass Tell die Situation zu seinen Gunsten wenden kann und vom Volk nun auch noch als jemand angesehen wird, der unter Gottes Schutz steht (vgl. V. 2071). Geßler kann seine Macht und Willkür über das Schweizer Volk jetzt nur noch dadurch zeigen, dass er wieder geltendes Recht bricht und Tell entgegen seiner Zusage verhaften lässt. Und damit erreicht er diesmal sein Ziel: Die Schweizer fühlen sich hilflos und entmutigt.[32].

Geßlers Willkür

Kurz vor seiner Ermordung zeigt Geßler nochmals seine menschenverachtende, unbarmherzige Willkür. Offen gibt er gegenüber Rudolph dem Harras zu, dass er den Stolz der Schweizer mit allen Mitteln brechen will (vgl. V. 2717 ff.). Den Bitten der verzweifelt um das Leben und die Freiheit ihres Mannes bittenden Armgard gegenüber, denen sich selbst Rudolph anschließt, bleibt

---

31 Neubauer, S. 21.
32 Vgl. hierzu auch Nordmann: *Wilhelm Tell*, S. 74.

er kalt. Er will sie sogar zum Anlass nehmen, die Gesetze noch zu verschärfen.

Nach dem tödlichen Schuss auf ihn umringen die Menschen ihn zwar entsetzt, aber keiner hat Mitleid mit dem Sterbenden oder versucht, ihm zu helfen (vgl. 2813 ff.). Geßlers Tod wird vielmehr als Befreiung betrachtet (vgl. V. 2821 f.).

Werner, Freiherr von Attinghausen

Traditionalist, später Visionär

Der 85-jährige Werner, Freiherr von Attinghausen, gehört zum alten, bodenständigen Schweizer Landadel. Er steht zu den alten Traditionen und Werten. Nicht nur die Einrichtung seiner Residenz und seine Kleidung zeigen dies, sondern auch der Umgang mit seinen Knechten und Dienern, mit denen er nach alter Sitte gemeinsam frühstückt und aus einem Becher trinkt (vgl. Regieanweisung II, 1 sowie V. 753 f.). „Dies zeigt, wie eng er mit dem Volk verbunden ist. Die Bindung an Herkunft und Tradition bestimmt sein Leben. Er ist der Lehnsherr, der Landammann, der dem Volk im Frieden vorsteht, und der Bannerträger, der es im Krieg anführt."[33] Er vertritt somit eine positive, patriarchalisch bestimmte ständische Ordnung. Für die einfachen Menschen seiner Umgebung sorgt er wie ein Vater (vgl. V. 767 f.). „Aber gerade weil er sie gleichsam als seine Kinder betrachtet, begreift er nicht, dass sie imstande sind, ihr Schicksal selbst in die Hand zu nehmen."[34] Attinghausen genießt hohes Ansehen bei der Bevölkerung. Das zeigt sich auch darin, dass Stauffacher und Fürst sich zunächst mit ihm treffen wollen, um zu besprechen, was man gegen die Willkür der Vögte unternehmen kann (vgl. V.336 ff.). Attinghausen ist empört über das Unrecht, das man dem Volk zufügt; da er aber

---

33 Nordmann: *Wilhelm Tell*, S. 70.
34 Heinz Tischer: *Schillers Wilhelm Tell*, S. 27.

selbst der Herrenschicht angehört, muss er die Tyrannei der Vögte nicht am eigenen Leib erfahren. Da er zu alt ist, um noch politisch wirken zu können, sieht er mit Trauer und Enttäuschung, wie sein Neffe und Erbe Ulrich von Rudenz sich dem Habsburger Hof zuwendet. Vergeblich appelliert Attinghausen an die Pietät und Heimatliebe seines Neffen. Als Attinghausen kurz vor seinem Tod erfährt, dass das Volk sich auch ohne die Hilfe des Adels gegen die Tyrannei verschworen hat, und dass sein Neffe dem Freiheitskampf beigetreten ist, wird ihm klar, „dass nun das politisch mündige Bürgertum den Adel ablöst und in der Lage ist, eine für die Eidgenossenschaft positive Zukunft zu schaffen"[35]. In einer Vision kurz vor seinem Tod sieht Attinghausen die Zukunft der Schweiz als freies Land ohne Standesgrenzen.

Ulrich von Rudenz

Ulrich von Rudenz ist der Neffe und Erbe des Freiherrn von Attinghausen. Er ist sehr standesbewusst und hat kein Verständnis für das vertraute Verhältnis seines Onkels zu den Dienern (vgl. V. 782 f.). Ulrich liebt den Prunk, was sich auch schon an seiner Kleidung zeigt (vgl. V. 779 ff.). Er hat sich aus verschiedenen Gründen dem Gefolge des Reichsvogts Geßler und damit dem Habsburger Hof angeschlossen. Einmal sicherlich aus persönlichem Ehrgeiz, da er sich seiner Herkunft aus dem „Bauernadel" schämt (vgl. V. 823 ff.); andererseits hat Ulrich jedoch auch ganz realpolitische Argumente. Er hat im Gegensatz zu seinem Onkel die veränderte politische Situation erkannt. Daher tritt er für die neue Ordnung ein, die von den Fürstenhöfen ausgeht. Dem alten, aus dem Bauernstand hervorgegangenen Landadel setzt er den neuen Hofadel entgegen. Nur am Hof eines mächtigen Fürsten könne ein junger

---

35 Nordmann: *Wilhelm Tell*, S. 71.

| 1 SCHNELLÜBERSICHT | 2 FRIEDRICH SCHILLER: LEBEN UND WERK | 3 TEXTANALYSE UND -INTERPRETATION |

3.4 Personenkonstellation und Charakteristiken

Adliger noch Ruhm und Ehre erlangen (vgl. 828 ff.). Zudem glaubt Ulrich nicht daran, dass das Schweizer Volk dem königlichen Heer gewachsen sei (vgl. V. 908 f.). Ganz wichtig für Ulrichs Entschluss, sich dem Habsburger Hof anzuschließen, ist schließlich auch die Tatsache, dass Bertha von Bruneck, in die er sich verliebt hat, zum Gefolge Geßlers gehört. Umso verunsicherter und erstaunter ist Ulrich, als ihm Bertha die Augen über die Habsburger Politik öffnet und ihn an seine Verpflichtungen gegenüber seiner Heimat erinnert (vgl. die Verse 1602 ff., 1662 ff. u. a.). Diesmal fallen die Ermahnungen bei Ulrich auf fruchtbaren Boden; als er dann im Fall Tells miterleben muss, wie tyrannisch und menschenverachtend Geßler seine Macht missbraucht, sagt er sich von ihm los und stellt sich gegen ihn (vgl. V. 1992 ff.). Ulrich bedauert, sich nicht mehr mit seinem Onkel ausgesöhnt zu haben, schließt sich aber dem Bund der Verschwörer an und drängt mit Arnold vom Melchthal zu direktem Handeln (vgl. V. 2473 ff.), besonders als er erfährt, dass Geßler Bertha von Bruneck verschleppt hat (vgl. V. 2530 ff.). Gemeinsam mit Melchthal erobert er das Schloss Sarnen und befreit Bertha. Sah Ulrich früher voll Verachtung auf das Volk herab (vgl. V. 782 f.), so kämpft er nun Seite an Seite mit den Bauern für die Befreiung. Schließlich verzichtet er auf seine Adelsprivilegien und schenkt allen seinen Knechten die Freiheit (vgl. V. 3291).

Er stellt sich auf die Seite der Verschwörer.

Bertha von Bruneck

Politische Weitsicht der Frauen

Die Frauen in *Wilhelm Tell*, besonders Gertrud Stauffacher und Hedwig Tell, zeigen erstaunliche politische Weitsicht und sind ihren Männern zum Teil überlegen. Auch Bertha von Bruneck durchschaut im Gegensatz zu Ulrich von Rudenz schnell die politischen Intrigen am Habsburger Hof und muss ihm erst die Augen öffnen. Am Volksaufstand selbst sind die Frauen dann nicht mehr aktiv beteiligt.

3.4 Personenkonstellation und Charakteristiken

Bertha von Bruneck ist eine reiche adlige Erbin im Gefolge des Hauses Habsburg. Sie hat Mitleid mit dem unterdrückten Schweizer Volk und ist direkt bereit, ihren Schmuck für die Rettung des verunglückten Schieferdeckers zu geben. Sie muss allerdings erkennen, dass die aufgebrachte Bevölkerung sie und ihre Hilfe ablehnt, weil sie in ihren Augen zu den Unterdrückern gehört (vgl. V. 448 ff.). Bertha kann ihre politische Bedeutung für das Haus Habsburg realistisch einschätzen. Sie hat erkannt, dass sie an den Habsburger Hof durch (erzwungene) Ehe gebunden werden soll, damit ihre in den Waldstätten liegenden Besitzungen an Habsburg fallen (vgl. V. 1658 ff.). Sie unterstützt daher – auch aus eigenem Interesse – den Freiheitskampf der Schweizer. Eine freie Schweiz bedeutet für sie die Sicherung ihres Besitzes (vgl. V. 1663 ff.).

Bertha verurteilt den Abfall des in sie verliebten Ulrich von Rudenz von seinem Volk und seine Hinwendung zum Haus Habsburg. Sie öffnet ihm die Augen über die Intrigen Habsburgs und macht ihm klar, dass er mit seiner jetzigen politischen Einstellung ihr Herz nicht gewinnen wird. Bertha überzeugt Ulrich, auf der Seite seines Volkes zu kämpfen, und beschwört die alten Werte (vgl. V. 1702 ff.). Nach dem erfolgreichen Volksaufstand und der Selbstbefreiung der Eidgenossen legt Bertha ihre adligen Privilegien ab und bittet um die Aufnahme als freie Schweizer Bürgerin (vgl. V. 3283 ff.).

3.5 Sachliche und sprachliche Erläuterungen

V. 2	**Gestade**	Ufer
V. 30	**Reis**	Zweig
V. 37	**Naue**	Boot, Kahn (lat.: navis = Schiff)
V. 38	**Firn**	Altschnee, der sich allmählich in Gletschereis verwandelt.
V. 109	**Föhn**	Warmer, trockener Fallwind in den Alpen, der sich bis zu Orkanstärke steigern kann.
V. 121	**Rettungsufer**	Das gegenüberliegende Ufer gehörte zum Kanton Schwyz und lag damit nicht mehr im Machtbereich des Landenbergers.
V. 267	**Er ist ein jüngrer Sohn nur seines Hauses**	Die jüngeren Söhne eines Adligen waren nicht erbberechtigt. Sie mussten daher oft in fremde Dienste treten.
V. 280	**Joch**	Last, Unterdrückung
V. 300	**kecklich**	mutig, ohne Scheu
V. 336	**Bannerherr**	in Kriegszeiten Träger des Landesbanners
V. 434	**gemein**	gemeinsam
V. 450 f.	**feil um Gold**	durch Gold zu kaufen
V. 485	**mich jammert nur der Vater**	Der Vater tut mir leid.
V. 490	**Unglimpf**	Unrecht, Unheil, Unglück, Misshandlung
V. 501	**was mir Böses schwant**	Eine schlimme Vorahnung haben; der Schwan galt im Altertum als prophetischer Vogel.
V 519	**Welschland**	Italien
V. 521	**Flüelen**	Ort am Urner See (östlicher Teil des Vierwaldstätter Sees)
V. 558	**Sarnen**	Ort im Westen des Kantons Unterwalden

| 4 REZEPTIONS- GESCHICHTE | 5 MATERIALIEN | 6 PRÜFUNGS- AUFGABEN |

3.5 Sachliche und sprachliche Erläuterungen

V. 561	**Kerns**	Ort im Westen des Kantons Unterwalden, nordöstlich von Sarnen
V. 689	**Währung**	Wert
V. 709	**gewähren**	Gewähr leisten, einstehen, bürgen
V. 727	**Rütli**	Waldwiese am Nordwestufer des Urner Sees
V. 728	**ausgereutet**	gerodet
V. 749	**wallen**	wallfahren, pilgern
V. 751	**tagen**	Tag werden
vor V. 962	**Windlichter**	Fackeln
V. 967	**Mettenglöcklein**	Glocke, die zur Messe läutet
V. 1077	**Strauß**	Kampf (mittelhochdeutsch „struz")
V. 1196	**Flecken**	kleiner Ort
V. 1249	**herfürzog**	hervorzog
V. 1308	**aller Ehren bar**	ohne jegliche Ehre
V. 1343	**hinterhält**	zurückhalten
V. 1441	**die glüh'nde Hochwacht**	Morgenröte
V. 1478	**Strang**	Bogensehne
V. 1751	**Monstranz**	Kostbares, meist reich verziertes Gefäß, in dem die Hostie aufbewahrt und den Gläubigen gezeigt wird.
V. 1757	**Reverenz machen**	Ehrerbietung zeigen
V. 1770	**der Mut sticht**	den Mut haben
V. 1872	**Wär ich besonnen, hieß' ich nicht der Tell**	Der Name „Tell" wird von „Dalle" (Tölpel, einfältiger Mensch) und „dahlen" oder „talen" (kindisch reden/tun) abgeleitet.
V. 1905	**Weise**	Lebensart

| 1 SCHNELLÜBERSICHT | 2 FRIEDRICH SCHILLER: LEBEN UND WERK | 3 TEXTANALYSE UND -INTERPRETATION |

3.5 Sachliche und sprachliche Erläuterungen

V. 1907	Wagstück	gefährliches Vorhaben
V. 2189	Teufelsmünster	schroffe Felsklippe am westlichen Ufer des Urner Sees
V. 2190	großer Axenberg	am östlichen Ufer des Urner Sees
V. 2191	Hakmesser	am östlichen Ufer des Urner Sees
V. 2211	Banden	Fesseln
V. 2323	Schickung	Fügung
V. 2433	Üchtland – Thurgau	Üchtland: Land jenseits der Aare zwischen Alpen und Jura im Umkreis der Stadt Freiburg – Thurgau: damals der ganze Nordosten der Schweiz (der Name kommt vom Fluss Thur)
V. 2439	Die Fürsten seh ich	Attinghausens Weissagung bezieht sich auf die späteren erfolglosen militärischen Versuche der Habsburger, die Waldstätten doch noch zu gewinnen. So wurde Leopold von Österreich mit seinem Ritterheer 1315 von den Schweizern in der Schlacht bei Morgarten geschlagen.
V. 2440	Harnisch	Brustpanzer
V. 2556	Botensegel	Botenschiff, Eilschiff
V. 2622	Geschäft	hier im Sinn von: Vorhaben, Aufgabe, Tätigkeit
V. 2629	Waidwerk	Jagd
V. 2751	im Turm	Im Gefängnis; die Keller der Burgtürme dienten oft als Gefängnis.
nach V. 2831	Barmherzige Brüder	Mönchsorden, dessen besondere Aufgabe es war, Kranke zu pflegen sowie Verunglückte und Erschlagene zu bestatten. Schiller nahm irrtümlich an, dass dieser Orden schon damals bestand; er wurde jedoch erst 1540 von Juan de Dios in Sevilla gegründet.

| 4 | REZEPTIONS-GESCHICHTE | 5 | MATERIALIEN | 6 | PRÜFUNGS-AUFGABEN |

3.5 Sachliche und sprachliche Erläuterungen

V. 2848	**Stier von Uri**	Der Urner, der das Auerochsenhorn bläst; der Ur (= Auerochse) ist das Wappentier des Kantons Uri.
V. 2949	**Johannes Müller**	Huldigung Schillers an den Schweizer Historiker Johannes von Müller, dessen „Geschichte der Schweizer Eidgenossenschaft" eine der Hauptquellen Schillers war. 1804, kurz vor Fertigstellung des Wilhelm Tell, lernten sich beide in Weimar persönlich kennen.
V. 3165	**Johannes Parricida**	Herzog Johann von Schwaben, Enkel König Rudolfs I. von Habsburg, ermordete 1308 seinen Onkel, König Albert I., der an ihm Vatersstelle vertrat. Herzog Johann wurde daher „Parricida" (= Vatermörder) genannt.
V. 3192	**so jung**	Johannes Parricida war erst 18 Jahre alt, als er König Albert I. ermordete; er starb fünf Jahre später als Mönch in Pisa.
V. 3216	**Wüste**	Wildnis
V. 3291	**Und frei erklär ich alle meine Knechte**	Ulrich von Rudenz erklärt seine bisherigen Leibeigenen zu freien Bürgern.

3.6 Stil und Sprache

**ZUSAMMEN-
FASSUNG**

Schiller benutzt weitgehend die Kunstsprache der Weimarer Klassik. Er durchsetzt sie aber mit einigen Schweizer Ausdrücken.

Klassische Kunstsprache

Form und Inhalt müssen übereinstimmen.

Schillers *Wilhelm Tell* ist eines der Hauptwerke der sogenannten „Weimarer Klassik". Die Autoren dieser Epoche hatten den Anspruch, dass in ihren Werken Inhalt und Form übereinstimmen müssen. Das bedeutete, dass man erhabene Ideen nur an herausragenden Persönlichkeiten aus Geschichte und Mythologie sowie an ihrem außergewöhnlichen Schicksal darstellen sollte. Umgesetzt werden konnte das nur im Drama als höchster und ältester literarischen Form. Auch die Sprache musste dem Inhalt angepasst werden. Das hieß aber:

„Die Sprache der Weimarer Klassik ist eine stilisierte Kunstsprache, sie entwickelte sich nicht aus der Gesellschaft, sondern ist eine von den Autoren geschaffene Form. Daher sind ihr Mundart und Umgangssprache fremd. Dies zeigt sich am deutlichsten in den Dramen, wo individuelle Gefühle kaum sichtbar werden, Extreme ausgeklammert bleiben und die handelnden Personen rhythmisiert und sentenzenhaft sprechen."[36]

---

36 Nordmann: *Wilhelm Tell*, S. 17.

| 4 REZEPTIONS-GESCHICHTE | 5 MATERIALIEN | 6 PRÜFUNGS-AUFGABEN |

3.6   Stil und Sprache

Blankvers

Schiller hält sich in *Wilhelm Tell* weitgehend an diese Vorgaben, macht sich jedoch die Variabilität des Blankverses den künstlerischen Zwecken seines Dramas dienstbar. So findet man in *Wilhelm Tell* u. a. zu kürzeren oder längeren Ketten verbundene Enjambements, aber auch durch Zäsuren mehrfach geteilte Verszeilen. So gelingt es Schiller, Stimmungen und Gefühle unterschiedlich darzustellen.

Enjambements und Zäsuren

Hier eine kurze Auswahl der Sprach- und Stilmittel, die Schiller im *Wilhelm Tell* benutzt:

SPRACHLICHE MITTEL/ STIL	ERKLÄRUNG	TEXTBELEG (VERSE)
Interjektionen, Fragen, rhetorische Fragen, Imperative	Die Sprecher äußern ihrer Erregung.	144, 180 f., 1830, 1850 ff. u. a.
religiöse Äußerungen	Der Freiheitskampf der Schweizer geschieht im Vertrauen darauf, dass Gott ihnen hilft.	85 f., 107, 186, 866 f., 1114 ff., 1148 f. u. a.
Lieder	Sie betonen die Stimmung der Szene, zeigen aber auch eine fremde, erdichtete Welt auf.	1 bis 36, 2834 bis 2839 u. a.
Landschafts-schilderungen	Sie sind nicht nur Rahmen und Hintergrund, sondern wesentlicher Bestandteil der Milieu-schilderung; sie unter-stützen und betonen die Stimmung der Szene.	vor 1, vor 958, vor 2561 u. a.
verallgemeinernde Sprüche, Lebensweis-heiten	Sie charakterisieren den Sprecher und sind Ausdruck allgemeingül-tiger Ideen.	139, 274, 313, 317, 437, 1481 u. a.

3.6 Stil und Sprache

SPRACHLICHE MITTEL/ STIL	ERKLÄRUNG	TEXTBELEG (VERSE)
Reime	Sie erhöhen die Feierlichkeit der Situation.	1147 ff., 1462 ff.
Enjambements	Sie bewirken eine größere Geschmeidigkeit der Rede.	90 ff., 252 ff., 353 ff. u. a.
Dialoge	Die Sprecher wollen beeinflussen, überzeugen.	195 bis 348, 1166 bis 1204 u. a.
Monologe	Sie geben innere Gefühle der Sprecher wieder.	2439 bis 2452, 2561 bis 2651 u. a.
Mauerschau (Teichoskopie) und Botenbericht	Sie dienen der Erweiterung von Bühne und Bühnengeschehen	2874 ff., 2171 ff. u. a.

„Dieses Drama (...) handelt vom politischen Freiheitskampf der Schweizer. Darum formt es eine Sprache, die hoch hinausführt über das gewöhnliche Dasein, zu Höhepunkten, zu aufwühlenden, anstachelnden, aufpeitschenden Reden, welche Menschen dazu antreiben sollen, alles Gut und Blut im Kampf für die Freiheit hinzugeben. Man missversteht Schillers Sprache im ‚Wilhelm Tell‘, wenn man mit irgendeinem anderen Maßstab an sie herantritt. Es ist das mächtige Pathos der Freiheitsliebe, das sie hervortreibt, ihr mitreißende Kraft und feierliche Wucht verleiht und sie unvergänglich macht. Wo immer die elementaren Menschenrechte bedroht sind oder schon mit Füßen getreten werden, da zündet wieder und wieder die leidenschaftlich gesteigerte Sprache im ‚Wilhelm Tell‘."[37]

---

[37] Walter A. Berendsohn: *Wilhelm Tell als Kunstwerk*, zitiert nach www. mediaculture-online.de, S. 67 f. (Stand 2011).

4 REZEPTIONS-GESCHICHTE	5 MATERIALIEN	6 PRÜFUNGS-AUFGABEN

3.7 Interpretationsansätze

3.7 Interpretationsansätze

→ Schiller entwirft das Idealbild eines Volksaufstandes und eines ästhetischen Staates (= positiver Gegenentwurf zur Französischen Revolution).

→ Schiller stellt die innere Zerrissenheit eines Tyrannenmörders dar (= Problematisierung des politischen Mordes).

Wilhelm Tell als Bild einer moralisch guten Revolution

Das Schauspiel *Wilhelm Tell* ist stark geprägt von Schillers negativen Erfahrungen mit politischen „Tyrannen", der Französischen Revolution und seiner Beschäftigung mit den damals aktuellen Philosophen, besonders Rousseau und Kant. In seinen jungen Jahren hatte Schiller selbst schlechte Erfahrungen mit der Willkür der Herrschenden gemacht. Vor allem in den frühen Stücken prangerte er Fürstenwillkür und das moralisch heruntergekommene, feudale System an. Schiller sympathisierte zwar mit den Grundgedanken der Französischen Revolution, lehnte ihre Umsetzung, besonders die jakobinische „Terreur" aber entschieden ab. Im Gegensatz zu Kant, der aufgrund der blutig endenden Französischen Revolution Volksaufstände generell ablehnte, wollte Schiller in *Wilhelm Tell* zeigen, dass es unter bestimmten Bedingungen auch „eine ‚moralisch gute Revolution'"[38] geben konnte. Zwei der Grundbedingungen sind, dass eine Revolution nur der Wiederherstellung einer „sittlich hochstehenden Ordnung"[39] dienen

Schillers Ablehnung einer „blutigen" Revolution

---

38 Geist, S. 42.
39 Ebd., S. 42.

WILHELM TELL   69

3.7 Interpretationsansätze

darf, und nur im Fall, dass der Herrscher seine Pflichten gegen die Untertanen verletzt, Widerstand erlaubt sei.

Rousseau

Beide Bedingungen basieren auf den Vorstellungen des Staatsphilosophen Rousseau, mit dem sich Schiller seit den 80er Jahren beschäftigte. Rousseau vertrat die Auffassung, dass die Menschen, bevor sie Staaten gründeten, in einem natürlichen Urzustand moralisch gut und frei lebten. Erst durch das Zusammenleben in der Gesellschaft entstanden Negativeigenschaften wie Neid, Habsucht usw. Um sich zu schützen, schlossen die Menschen einen sogenannten „Gesellschaftsvertrag" ab, in dem sie sich dem Gemeinwillen („volonté générale") unterwarfen.

Hobbes und Locke

Zudem hatte sich, basierend auf den Gedanken von Thomas Hobbes und John Locke, die Vorstellung einer wechselseitigen, verpflichtenden Beziehung zwischen Herrscher und Volk entwickelt. Dafür, dass das Volk freiwillig auf sein Recht auf Selbstbestimmung verzichtet und einem Herrscher überträgt, verpflichtet sich der Herrscher, für Sicherheit, Frieden und Schutz zu sorgen. Nach Locke war eine Regierung nur legitim, wenn sie die Zustimmung der Regierten besitzt und die Naturrechte auf Leben, Freiheit und Eigentum schützt. Sollte eine Regierung diese Bedingungen nicht erfüllen, habe das Volk das Recht auf Widerstand (*Two Treaties of Government*,1690).

Schillers Schweizer leben ursprünglich in diesem Naturzustand. Das Stück beginnt mit einer Idylle, in der die Menschen frei im natürlichen Urzustand leben. In diese Idylle brechen die Gewalt und das Unrecht der Vögte ein. Gegen diese Machtwillkür leistet das Volk schließlich Widerstand und schafft eine ideale, bürgerliche, nichtfeudale Gesellschaftsordnung. Da das ganze Volk Träger der Freiheitsbewegung ist, stellt Schiller in den drei „Hauptverschwörern" Fürst, Stauffacher und Melchthal die drei Generationen dar. Zudem vertreten sie die drei beteiligten Kantone. Auch die Frauen (Gertrud Stauffacher, Hedwig Tell) sind am Volksaufstand beteiligt, bringen ihn sogar erst in Gang (vgl. I, 2). Beim Rütli-Schwur sind alle Schichten bis zum Unfreien (vgl. V. 1140 f.) vertreten. Lediglich der Adel fehlt. Er ist aber auch nicht von der Willkür der Vögte betroffen.

Die Grundvoraussetzung für das Zustandekommen des Volksaufstandes ist der Entschluss, miteinander zu reden. Gertrud Stauffacher überredet ihren Mann, sich mit anderen über die Habsburger Willkürherrschaft zu besprechen. Sie befreit dadurch ihren Mann aus seiner passiven Verzweiflung und bewegt ihn zu aktivem Handeln.

„Indem die unterdrückten Eidgenossen sich miteinander bereden, erheben sie den Dialog zum rettenden Prinzip (...). Aus dem Dialog Gertrud – Stauffacher geht der Dialog Stauffacher – Walther Fürst – Melchthal hervor, der sich zu einem umfassenden allgemeinen Dialog, dem Rütli-Schwur, erweitert."[40]

Mit der Versammlung auf dem Rütli „gibt Schiller ein Gegenbeispiel zu der Pervertierung des Freiheitsstrebens in der Französischen Revolution"[41]. Die Männer auf dem Rütli handeln demokratisch und besonnen: Alle Stimmen werden gleichberechtigt gehört, alle Funktionsträger werden demokratisch gewählt. Standesunterschiede sind aufgehoben: Freie und Unfreie haben gleiches Stimmrecht. Private Streitigkeiten treten zurück (vgl. V. 1086 ff. u. a.). Die Männer fühlen sich nicht als Verschwörer, sondern als „Landsgemeinde", die das ganze Volk vertritt (vgl. V. 1109 f.). Man beruft sich auf seine alten Rechte; nur die will man wieder herstel-

Gegenbeispiel zur Französischen Revolution

---

40 Gert Sautermeister: *Wilhelm Tell*, S. 10229.
41 Tischer, S. 31.

3.7   Interpretationsansätze

len. Man will keine Revolution (vgl. V. 1354 ff.); auch dem freiwillig gewählten Herrscher will man sich weiterhin unterordnen (vgl.
1214 ff.). Lediglich die Willkür der Vögte soll beseitigt werde, auch
gewaltsam, doch möglichst ohne Blutvergießen (vgl. V. 1366 ff.).

> „Der Aufstand der Schweizer ist weniger Revolution als Res-
> tauration in positivem Sinne: kein Schritt nach vorn in die
> Geschichte, sondern rückwärts gewandt, mit dem Ziel, alte
> Freiheitsrechte wieder herzustellen (...). Die Erhebung der Eid-
> genossen bleibt sich selbst treu. Die geschworene Einheit geht
> nicht in die Brüche, trotz aller Differenzen zersplittert die Be-
> wegung nicht in Radikale und Gemäßigte. Und vor allem: Die
> Schweizer Revolution frisst nicht ihre Kinder, entartet in keinen
> blutigen Terror (...) wie die Französische. Adlige und Bürger
> leben zum Schluss in friedlicher Einheit."[42]

Selbstbestimmung des Volkes

Die Position des Adels hat sich allerdings verändert. In seiner großen Vision kurz vor seinem Tod sieht Attinghausen die neue gesellschaftliche Struktur voraus. Der Adel hat seine Führungsfunktion
verloren. Das Volk bestimmt selbst über sich: „Was braucht's des
Edelmanns? Lasst's uns allein vollenden" sagt Melchthal schon
beim ersten Treffen der Verschwörer (vgl. V. 692 ff.). Im Gegensatz
zur Französischen Revolution läuft diese „Entmachtung" des Adels
aber friedlich ab. Freiwillig verzichten die Adligen auf ihre Privilegien und gliedern sich als Mitbürger ins Volk ein (vgl. 3283 ff.). Am
Ende des Stücks ist Schillers Idee vom gesellschaftlichen Miteinander Wirklichkeit geworden: „Ein Bund von Menschen, der auf der
Basis der Werte Freiheit, Gleichheit und Brüderlichkeit basiert."[43]

---

42   Neubauer, S. 46 f.
43   Nordmann: *Wilhelm Tell*, S. 95.

3.7 Interpretationsansätze

Ein Problem bleibt für die Verschwörung auf dem Rütli allerdings bestehen: Wie vertreibt man die Vögte, besonders Geßler, ohne Gewalt? Stauffacher spricht das Problem Geßler konkret an (vgl. 1428 ff.). Die Frage bleibt jedoch unbeantwortet und wird vertagt.

Wilhelm Tell – der Selbsthelfer und die politische Realität

Nach der Rütli-Szene endet die erste Haupthandlung, die Volkshandlung. Mit dem dritten Aufzug beginnt der zweite Haupthandlung, die Tell-Handlung. Im Gegensatz zu seinen Quellen lässt Schiller Tell beim Rütli-Schwur bewusst nicht dabei sein. Als Stauffacher ihn zu gemeinsamem Handeln gegen die Willkür der Vögte auffordert, lehnt Tell, ganz der Selbsthelfer, dem politisches Kalkül und Planung fremd sind, ab. Er ist der „Repräsentant des naiv-idyllischen Naturzustands des Menschen"[44], der hilfsbereit, auf seine eigene Stärke vertrauend, sich seine Selbstständigkeit bewahren will. Die aktuellen, politischen Dimensionen kann Tell nicht erfassen:

> „Tells an Naturvorgängen orientiertes Denken kann nicht erfassen, was die geschichtliche Stunde geschlagen hat. Sein naiv-idyllisches Vertrauen macht ihn blind gegen das Unerhörte und Neue, gegen die geschichtlich-destruktive Gewalt".[45]

Es gelingt Tell allerdings nicht, sich aus dem politischen Geschehen herauszuhalten und seine Autarkie zu bewahren. Als er mit seinem Sohn Walther in Altdorf dem dort aufgestellten Hut Geßlers nicht die vorgeschriebene Ehrung erweist, wird er verhaftet und in der berühmten Apfelschussszene gezwungen, das Leben seines Kindes zu gefährden, um ihrer beide Leben zu retten. Dieser Will-

---

44 Geist, S. 46.
45 Sautermeister, S. 10229.

3.7 Interpretationsansätze

kürakt Geßlers unterscheidet sich von den Willkürakten, die vorher Baumgarten oder Melchthal angetan wurden, darin, dass hier ein Vater (Tell) selbst zu einer Gewalttat an seinem Kind gezwungen wird, dass er gezwungen wird, mit großer Wahrscheinlichkeit der Mörder seines Kindes zu werden. Dass Geßler das erwartet, zeigt sein ehrliches Erstaunen, nachdem Tell der Schuss gelungen ist (vgl. V. 2033). Das besonders perfide an Geßlers Befehl ist, dass Tell noch nicht einmal die Alternative der Selbstopferung hat, sondern dass er, um seines und das Leben seines Kindes zu retten, den Schuss wagen muss.

„Diese Tat kann durch nichts, auch in Tell selbst durch nichts gerechtfertigt werden, sie versklavt ihn, den Freiesten, in eine Verschuldung, deren drohende Folgen zwar durch den glücklichen Schuss vermieden werden, die gleichwohl aber schon in ihrer Möglichkeit allen Gesetzen der Natur widerspricht (...). Die furchtbare Paradoxie, die ihm Geßler mit unmenschlichem Spiel auferlegt, liegt nicht nur darin, dass er das Leben seines Kindes in die höchste Gefahr bringen muss, um es zu bewahren, sondern dass er, der auf die volle Freiheit seiner Persönlichkeit in der Harmonie ihrer Kräfte und ihres Fühlens eingestellt ist, jetzt in die engste Situation des ungeheuerlichen Verbrechens gezwungen, im Grunde seines Wesens – nicht nur in seiner Väterlichkeit, sondern in seiner Menschlichkeit schlechthin – vergewaltigt wird."[46]

Der Entschluss, Geßler zu töten, erwächst aus diesem Erleben. In seinem großen Monolog wird sich Tell seiner inneren Situation klar. „Es geht ihm im Monolog um die Freiheit und Verantwortung

---

46 Fritz Martini: *Wilhelm Tell, der ästhetische Staat und der ästhetische Mensch*, S. 20.

vor sich selbst, also um das Problem seiner eigenen Existenz im Verhältnis zu seiner Tat."[47]

In der Parricida-Szene zeigt sich der Unterschied der Tat. Beide, Parricida und Tell, haben getötet. Aber Tell wehrt sich gegen die Gleichsetzung ihrer Tat, die Parricida vornehmen will (vgl. V. 3169 ff.); die Motive und Folgen der Tat für den Täter geben ihm Recht. Parricida handelte aus niederen persönlichen Beweggründen und ist jetzt als Ausgestoßener mit sich selbst im Unreinen auf der Flucht. Tell hingegen tötete Geßler

> „(...) im Vollzug eines objektiven Amtes und gegen seine persönliche Neigung. Dass er den Mord verabscheute, der ihm gleichsam von der Weltordnung auferlegt war, dass dieser ihm zu einer ethischen Pflicht wurde, der er sein ungetrübtes Dasein, seine innere Freiheit und seinen Frieden preiszugeben wusste, dass er damit frei über seiner Tat blieb, – dies gibt ihm jetzt das Recht, von seiner ‚Unschuld' zu sprechen und lässt ihn in eine ungestörte Harmonie mit sich und den Seinen zurückkehren."[48]

Mit seiner Tat hat Tell zudem die Initialzündung für den erfolgreichen Volksaufstand gegeben (vgl. V. 2818 ff., 3083 ff.). Indem Tell die Schuld auf sich genommen hat, bleiben die Eidgenossen von ihr verschont und können ihr neues Staatswesen ohne eigene Blutschuld aufbauen (V. 2912 f.). Durch seine Tat hat Tell seine isolierte Freiheit aufgegeben. Er ist Teil der Gemeinschaft geworden. So laufen am Ende die beiden Haupthandlungen ineinander und bilden ein neues Ganzes.

---

47 Ebd., S. 25.
48 Ebd., S. 32.

| 1 SCHNELLÜBERSICHT | 2 FRIEDRICH SCHILLER: LEBEN UND WERK | 3 TEXTANALYSE UND -INTERPRETATION |

4. Rezeptionsgeschichte

4. REZEPTIONSGESCHICHTE

ZUSAMMEN-FASSUNG

In den Rezeptionen zu Schillers *Wilhelm Tell* spiegelt sich der jeweilige zeitgeschichtliche Hintergrund wider. Die Freiheitsidee des Stücks wurde auf die jeweilige nationale Situation hin ausgelegt. Die heutigen Rezeptionen beschäftigen sich vor allem mit der mehrdeutigen Figur des Wilhelm Tell.

Reaktionen der Zeitgenossen

Erfolgreiche Uraufführung

Schillers am 17. März 1804 in Weimar uraufgeführtes Schauspiel *Wilhelm Tell* ist bis heute sein populärstes und erfolgreichstes Stück. Schon die Premiere war so erfolgreich, dass das Stück dreimal wiederholt werden musste. Auch Schiller selbst empfand den Erfolg als einzigartig: „Mein Tell ist vor 3 Tagen hier gespielt worden und mit dem größten Succeß, wie noch keins meiner Stücke."[49] Es gab jedoch auch einige kritische Stimmen, die besonders an der Länge des Stückes (bei der Uraufführung über vier Stunden) Anstoß nahmen und sich Gedanken über ihrer Meinung nach überflüssige oder zu lang geratene Szenen machten. Hier wurden vor allem die Liebesgeschichte zwischen Ulrich von Rudenz und Bertha von Bruneck, der Tell-Monolog, der Auftritt Parricidas, aber auch die Rütli-Schwur-Szene kritisiert.

Die politische Brisanz des Stückes, die in den frühen Kritiken keine Rolle spielte, veranlasste jedoch schon den Theaterroutinier Iffland, für die Berliner Aufführung von Schiller einige Textänderungen zu fordern. So glaubte Iffland u. a., die Zukunftsvision Attinghausens (vgl. IV, 2) mit ihrem antiaristokratischen, repu-

---

49 Schiler an Wilhelm von Wolzogen, 20. März 1804, zitiert nach: Suppanz, S. 132.

blikanisch-demokratischen Freiheitsideal dem Berliner Hof nicht zumuten zu können.[50]

Wilhelm Tell als vaterländisches Freiheitsdrama

In der Folgezeit sorgten das politische und das militärische Geschehen dafür, dass der Tell-Stoff auch nach dem Tod Schillers aktuell blieb. So bezog sich der preußische König in seinem berühmten Aufruf „An mein Volk" vom 17. März 1813 (der Proklamation des Krieges gegen Napoleon) mit seinem Bild des erfolgreichen Kampfes eines kleinen Volkes gegen ein mächtigeres klar auf den Freiheitskampf der Schweizer, eine Anspielung, die ohne die allgemeine Kenntnis von Schillers Schauspiel wohl kaum verstanden worden wäre.

1813

Einen neuen Höhepunkt erreichte die Popularität von *Wilhelm Tell* im Revolutionsjahr 1848. So schrieb die „Allgemeine Preußische Zeitung" kurz nach Beendigung der Barrikadenkämpfe in Berlin:

1848

„Vor einigen Tagen las man an den Mauern unseres Opernhauses die Worte mit Kreide angeschrieben: ‚Übermorgen Wilhelm Tell'. Das Volk sehnte sich danach, in den ersten Tagen des Kampfes und der Aufregung einen Ruhepunkt zu finden und in dem erhabenen Schwunge der Freiheitsgedanken unseres großen nationalen Dichters den Ausdruck seiner eigenen Gefühle zu suchen."[51]

---

50 Vgl. hierzu auch Rischbieter, S. 83 f.
51 Zitiert nach Tischer, S. 75.

| 1 SCHNELLÜBERSICHT | 2 FRIEDRICH SCHILLER: LEBEN UND WERK | 3 TEXTANALYSE UND -INTERPRETATION |

4. Rezeptionsgeschichte

Telldenkmal in Altdorf, © akg-images/ Erich Lessing

4. Rezeptionsgeschichte

Auch noch 22 Jahre später wird „Schillers Pathos der Selbstbestimmung"[52] als dichterischer Ausdruck der eigenen politischen Absichten verstanden. So schrieb Theodor Fontane über eine Tell-Aufführung am Vorabend des deutsch-französischen Krieges:

> „Einer Situation wie der gegenwärtigen entspricht nichts besser als der ‚Tell'. Er enthält kaum eine Seite, gewiss keine Szene, die nicht völlig zwanglos auf die Gegenwart, auf unser Recht und unseren Kampf gedeutet werden könnte, und wir müssen uns des guten Taktes des Publikums freuen, das nicht stichwortartig mit seinem Beifall im Anschlag lag, sondern ihm nur Ausdruck gab, wo Schweigen ein Fehler (...) gewesen wäre."[53]

Schiller war zum „vaterländischen" Dichter (gemacht) geworden: „Man interpretierte den Freiheitsbegriff nicht mehr im liberalen, sondern im nationalen Sinne; Schiller, der Kosmopolit, wurde zum Verkünder des völkischen Einheitsgedankens emporstilisiert."[54] Diese Tendenz verstärkte sich noch mit Gründung des Bismarckreiches. Auch das Tell-Bild veränderte sich. Hatte Ludwig Börne Tell noch als beschränkten „Philister" kritisiert, so überragt der Schillersche Tell für den Schriftsteller und Theaterkritiker Karl Frenzel das „Maß unserer Sterblichkeit": „Die gewaltigen Taten des Mannes entfernen uns unwillkürlich von ihm, wir stehen, und mit uns seine Landsgenossen, wie Pygmäen vor einem Halbgott."[55] Zum Nationalismus kam der Heroenkult.

Schiller als „vaterländischer" Dichter

Bezeichnenderweise fand Tell bei den Regierenden diese Begeisterung nicht. Für den deutschen Reichskanzler Otto von Bismarck

---

52 Nordmann: *Wilhelm Tell*, S. 104.
53 „Vossische Zeitung" vom 19.8.1870.
54 Tischer, S. 74.
55 Zitiert nach Rischbieter, S. 78.

| 1 SCHNELLÜBERSICHT | 2 FRIEDRICH SCHILLER: LEBEN UND WERK | 3 TEXTANALYSE UND -INTERPRETATION |

2. Rezeptionsgeschichte

etwa war Tell ein „Meuchelmörder", und die Vorstellung einer Umgestaltung des Staates durch das Volk ohne den Adel war ihm suspekt.

Rund dreißig Jahre später zeigten sich in den Publikationen und Festreden aus Anlass der Feiern zu Schillers 100. Todestag die verschiedenen ideologischen Standpunkte auch zum *Wilhelm Tell*. Einmal ist hier die kontroverse Diskussion innerhalb der Arbeiterbewegung zu Schillers „revolutionärem Potential"[56] zu nennen. So lobt der monarchiekritische Journalist und spätere Politiker Kurt Eisner zwar Schillers *Wilhelm Tell* (neben *Kabale und Liebe)* einerseits als „einzige(s) große(s) Revolutionsdrama unserer Literatur"[57], hält Schiller aber letztlich doch für eine Rezeption durch die Arbeiterklasse für unbrauchbar, da er Eisners Meinung nach letztendlich kompromisslerisch die Herrschaftsverhältnisse stabilisiert habe[58]. Etwas anders sieht es der sozialistische Literaturtheoretiker und spätere Politiker Franz Mehring. Er wirft zwar Schiller auch vor, im *Wilhelm Tell* „geradezu ängstlich bemüht (gewesen zu sein), die schweizerische Erhebung gegen das Haus Habsburg jedes politischen und sozialen Charakters zu entkleiden"; dennoch sei „dies Drama mit den großen Befreiungskämpfen der Menschheit für und für verbunden" durch das „Bekenntnis der Männer vom Rütli, worin das Freiheitspathos des Dichters noch einmal aufflammt, leuchtender denn je."[59]

1905

Während einerseits diese sozialistisch-marxistische Diskussion über Schillers revolutionäre Position stattfand, wurde Schiller, ausgehend vom *Wilhelm Tell*, auch imperialistisch interpretiert. So in der Rede des Sprachwissenschaftlers Konrad Burdach zum Schillerjubiläum 1905:

--- --- ---

56 Suppanz, S. 152.
57 Kurt Eisner: *Über Schillers Idealismus* (1905), zitiert nach Suppanz, S. 153.
58 Vgl. Suppanz, S. 152.
59 Franz Mehring: *Gesammelte Schriften*, S. 259 f.

4. Rezeptionsgeschichte

„In jenen Momenten weltgeschichtlicher Neuordnung unserer nationalen Existenz weihte Schillers Ruf, der Eid des Rütlibundes, ‚Wir wollen sein ein einig Volk von Brüdern', der den Großeltern im Krieg der Befreiung den Weg nach Leipzig und Belle-Alliance gewiesen hatte, von allen deutschen Bühnen tausendstimmig den Kampf einer gerechten Sache. (...) Heute tönt uns aus Schillers Leben, Dichtung und Lehre nicht mehr dies zusammenschmiedende Lied der einträchtigen nationalen Sehnsucht. Aus dem Volk der Dichter und Denker ward ein handelndes Volk. (...) der angeborene Drang der germanischen Natur erwacht und treibt hinaus auf die See, gründet in weiten Fernen neue Provinzen und Außenwerke deutscher Art."[60]

Nach dem Ersten Weltkrieg „schwankt das Verhältnis zu Schiller zwischen kritischer Distanziertheit und enger, auf das Zeitgeschehen bezogener politischer Auslegung"[61]. So wurden etwa während der französischen Besetzung des Ruhrgebietes Aufführungen des *Wilhelm Tell* zu Veranstaltungen des nationalen Protestes: Beim Rütli-Schwur etwa erhoben sich die Zuschauer von ihren Plätzen und sprachen mit erhobener Hand die Eidesformel mit.

Nach dem Ersten Weltkrieg

Die Nationalsozialisten interpretierten den *Wilhelm Tell* zunächst in ihrem Sinne um[62]. Man sah das Stück „als konform mit den Interessen des Systems an, als historisches Abbild jener ‚nationalen Erhebung' von 1933, die Deutschland grundlegend verwandelt hatte"[63]. Entsprechend wurden die Tell-Aufführungen inszeniert. Dass man *Wilhelm Tell* auch ganz anders verstehen

---

60 Konrad Burdach: *Schiller-Rede*. Gehalten bei der Gedächtnisfier in der Philharmonie zu Berlin am 8. Mai 1905, zitiert nach Suppanz, S. 158.
61 Tischer, S. 75.
62 Vgl. etwa H. Fabricius: *Schiller als Kampfgenosse Hitlers. Nationalsozialismus in Schillers Dramen*, 1932.
63 Neubauer, S. 64.

konnte, zeigen die Eindrücke Thomas Manns nach dem Besuch einer Aufführung 1934 im Züricher Schauspielhaus:

„Ich war wiederholt ergriffen von den Beziehungen des Stückes zur Gegenwart und den neuen Möglichkeiten, die sein Freiheitspathos wiedergewonnen hatte. Man hat das Gefühl, dass es wegen einer ganzen Reihe von schlagenden, das Gegenwärtige beim Namen nennenden Worten heute einfach in Deutschland nicht aufführbar ist."[64]

Auch den Nationalsozialisten wurde langsam klar, dass der Unterschied zwischen dem Anspruch, „legitime Erben des Schillerschen Ethos der Freiheit und Menschenwürde"[65] zu sein und ihrer realen, politischen Praxis zu groß war, um noch glaubhaft zu erscheinen. 1941 kam es zu einem Aufführungsverbot an allen deutschen Theatern und der Entfernung des Stücks aus den Lehrplänen der deutschen Schulen.

Unterschiedliche Sichtweisen in Ost- und Westdeutschland

Nach dem Zweiten Weltkrieg

Nach dem Zweiten Weltkrieg entwickelte sich eine unterschiedliche Sicht des Stückes in Ost- und Westdeutschland. In der 1959 zum 200. Geburtstag Schillers veröffentlichten Erklärung des Schiller-Komitees der Deutschen Demokratischen Republik zu *Wilhelm Tell* heißt es:

„Schiller hat erkannt, dass die Volksmassen eine wichtige Rolle in der Geschichte spielen und dass die Persönlichkeit in Übereinstimmung mit ihnen handeln muss. Schiller stellt die

---

64 Tagebucheintrag Thomas Manns vom 28. September 1934, zitiert nach: Neubauer, S. 64.
65 Tischer, S. 76.

4. Rezeptionsgeschichte

Volksmassen differenziert in ihrer sozialen Schichtung dar; dadurch gestaltet er die untrennbare Einheit von nationalem Befreiungskampf und das Ringen um die Verwirklichung sozialer Forderungen."[66]

Für die westdeutschen Rezensionen aus dem Schillerjahr 1959 stand hingegen der Gehalt des Stückes im Vordergrund ihrer Betrachtungen. So betonte der Germanist Friedrich Sengle, „dass es Schiller darum ging aufzuzeigen, dass im politischen Kampf immer ein höheres allgemeines menschliches Sittengesetz Gültigkeit habe".[67]

Wilhelm Tell in unserer Zeit

Neue Aktualität gewann *Wilhelm Tell* in den sechziger und frühen siebziger Jahren des 20. Jahrhunderts. Es war die Zeit des gewaltsamen Widerstand gegen die staatlichen Autoritäten: 1964 entstand die palästinische Befreiungsorganisation PLO, 1968 begannen die baskische Separatistenorganisation ETA und die irische IRA mit Sprengstoffanschlägen und Gewaltaktionen; auch die weltweiten Protestaktionen, besonders der Studentenschaft gegen das Establishment, sorgten für Aufsehen. 1970 gründete sich die Rote Armee Fraktion (RAF). In dieser Zeit des (gewaltsamen) Protestes und des Umbruchs wurde auch der *Wilhelm Tell* neu interpretiert:

60er und 70er Jahre des 20. Jahrhunderts

---

66 *Der Menschheit Würde. Dokumente zum Schillerbild der deutschen Arbeiterklasse*, Weimar 1959, zitiert nach: Suppanz, S. 162.
67 Nordmann: *Wilhelm Tell*, S. 107.

4. Rezeptionsgeschichte

„Nicht zu Unrecht, wenn auch zur allgemeinen Empörung, haben die palästinensischen Attentäter, die in Zürich am 18. Februar 1969 aus dem Hinterhalt ein startendes El-Al-Flugzeug beschossen, sich auf Wilhelm Tell berufen; die Vogt-Tötung bei Küßnacht, wie die schweizerischen Chronisten sie darstellen, entspricht den Methoden der El-Fatah."[68]

90er Jahre

In den neunziger Jahren bildeten sich zwei Tendenzen heraus, sich dem *Wilhelm Tell* zu nähern, die bis in die Gegenwart anhalten. Neben den Befürwortern einer bis ins Detail werkgetreuen Inszenierung, wie sie vor allem in den Freilichtaufführungen beliebt ist, sind es vor allem junge Regisseurinnen und Regisseure, die die Aufführungstradition durchbrechen und neue Wege beschreiten. Dabei hinterfragen sie besonders die Gestalt des Wilhelm Tell sowie seine Taten und versuchen, auch durch die Verlagerung des Geschehens in die heutige Zeit einer neuen Zuschauergeneration das Stück nahezubringen.

---

68 Max Frisch: *Wilhelm Tell für die Schule*, S. 122.

5. MATERIALIEN

Wilhelm Tell – der Philister

Die Figur des Wilhelm Tell hat bis heute viele unterschiedliche Interpretationen und Deutungen erfahren. Schon Schillers Zeitgenosse, der Literatur- und Theaterkritiker Ludwig Börne, konnte die Tell-Begeisterung seiner Zeit nicht teilen:

„Es tut mir leid um den guten Tell, aber er ist ein großer Philister. Er wiegt all sein Tun und Trachten nach Drachmen ab, als stünde Tod und Leben auf mehr oder weniger. Dieses abgemessene Betragen im Angesicht grenzenlosen Elends und unermesslicher Berge ist etwas abgeschmackt. Man muss lächeln über die wunderliche Laune des Schicksals, das einen so geringen Menschen bei einer fürstlichen Tat Gevatter stehen und durch dessen linkisches Benehmen die ernste Feier lächerlich werden ließ. Tell hat mehr von einem Kleinbürger als von einem schlichten Landmann. Ohne aus seinem Verhältnis zu treten, sieht er aus seinem Dachfenster über dasselbe hinaus; das macht ihn klug, das macht ihn ängstlich. Als braver Mann hat er sich zwar den Kreis seiner Pflichten nicht zu eng gezogen; doch tut er nur seine Schuldigkeit, nicht mehr und nicht weniger. Er hat eine Art Lebensphilosophie und ist mit Überlegung, was seine Landsleute und Standesgenossen aus bewusstlosem Naturtriebe sind (…). Tell hat den Mut des Temperaments, den das Bewusstsein körperlicher Kraft gibt; doch nicht den Mut des Herzens, der, selbst unermesslich, die Gefahr gar nicht berechnet. Er ist mutig mit dem Arm und furchtsam mit der Zunge, er hat eine schnelle Hand und einen langsamen Kopf, und so bringt ihn schließlich seine gutmütige Bedenklichkeit dahin, sich hinter einen Busch zu stellen und einen schnöden Meuchelmord zu begehen, statt mit edlem Trotze eine schöne Tat zu tun. Tells Charakter ist Untertänigkeit. Der Platz, den ihm die Natur, die bürgerliche Gesellschaft und der Zufall angewiesen, den füllt er aus und weiß ihn zu behaupten; das Ganze überblickt er nicht und er kümmert sich nicht darum. Wie ein schlechter Arzt sieht er in den Übeln des Landes und seinen eigenen nur die Symptome, und nur diese sucht er zu heilen. Geschickt und bereit, den einzelnen Bedrängten und sich selbst zu helfen in der Not, ist er unfähig und unlustig, für das Allgemeine zu wirken (...).

Auf dem Rütli, wo die Besten des Landes zusammenkommen, fehlt Tells Schwur; er hat nicht den Mut, sich zu verschwören. Wenn er sagt: Der Starke ist am mächtigsten allein – so ist das nur die Philosophie der Schwäche. Wer freilich nur so viel Kraft hat, mit sich selbst fertig zu werden, der ist am stärksten allein; wem aber nach der Selbstbeherrschung noch ein Überschuss davon bleibt, der wird auch andere beherrschen und mächtiger werden durch die Verbindung. Tell versagt dem Hut auf der Stange seinen Gruß; doch man ärgert sich darüber. Es ist nicht der edle Trotz der Freiheit, dem schnöden Trotze der Gewalt entgegengesetzt: Es ist nur Philisterstolz, der nicht Stich hält. Tell hat Ehre im Leibe, er hat aber auch Furcht im Leibe. Um die Ehre mit der Furcht zu vereinigen, geht er mit niedergeschlagenen Augen an der Stange vorbei, damit er sagen könne, er habe den Hut nicht gesehen, das Gebot nicht übertreten. Als ihn Geßler wegen seines Ungehorsams zur Rede stellt, ist er demütig, so demütig, dass man sich seiner schämt. Er sagt, aus Unachtsamkeit habe er es unterlassen, es solle nicht mehr geschehen – und wahrlich, hier ist Tell der Mann, Wort zu halten."[69]

---

69 Ludwig Börne: Über den Charakter des Wilhelm Tell. In: Ludwig Börne: *Schillers Dramen*, 1828, zitiert nach: www.zeno.org (Stand 2011).

| 4 REZEPTIONS- | 5 MATERIALIEN | 6 PRÜFUNGS- |
| GESCHICHTE | | AUFGABEN |

Wilhelm Tell – ein Terrorist?

2006 inszenierte Samuel Schwarz am Theater St. Gallen seine Adaption von Schillers *Wilhelm Tell*. In seiner Rezension hebt Felix Schenker besonders den Umgang von Schwarz mit dem Originaltext hervor:

„(...) Samuel Schwarz inszeniert einen spannenden, unterhaltenden, interessanten Tell. Genial, wie er mit Schillers Originaltext umgeht. Alle Darsteller lesen an einem langen Tisch aus dem Textbuch. Als Zuschauer kann ich mich ganz auf die Worte konzentrieren, und es wird mir einmal mehr bewusst, wie wortgewandt Schiller in seiner Sprache und wie vollendet seine Sprachform ist. (...) Die St. Galler Inszenierung ist aber nicht nur deswegen sehr sehenswert. Besonders erfrischend ist, wie Schwarz mit Schillers Klassiker umgeht. Dabei gelingt dem Regisseur das Allerwichtigste, er langweilt nie. Und er ist konsequent. Er lässt Schiller Schiller sein und stellt diesem, frech und frisch, eigene Textteile entgegen. Das ist wesentlich angenehmer, als wenn ‚große Werke' werkgetreu inszeniert werden, und trotzdem krampfhaft ein Bezug zur heutigen Zeit konstruiert wird, etwa durch die Wahl der Kostüme oder indem das Stück in die Moderne transferiert wird, unter Verwendung des Originaltextes.

Ein faszinierendes Bühnenbild und viele überraschende und oft auch witzige Momente halten das Publikum ‚bei der Stange' und ‚auf der Hut'. Aber wie sieht es mit der im Vorfeld viel diskutierten Provokation aus? Proteste sind an der Premiere ausgeblieben. Verständlich, das Gezeigte gefällt dafür zu gut. Samuel Schwarz hat es aber geschafft, dass wir uns über Fragen Gedanken machen wie: Ist Gewalt ein legitimes Mittel der Befreiung? War Tell ein Terrorist, Leibacher[70] ein schlechter Mensch, und ist Samuel Schwarz ein guter Regisseur? Die Antwort liegt – wie immer – irgendwo dazwischen, je nach persönlichem Standpunkt, Weltauffassung und Erfahrung."[71]

Peter Surber geht in seiner Kritik der Inszenierung auch auf die Darstellung des Tell ein:

„Doch einer entkommt: Tell. ‚Hier ist nicht gut sein', murmelt Bruno Riedl [der Darsteller des Tell] beim Anblick der freudig schuftenden Genossen vor der Zwinge Uri. Es ist der wahre Satz unter lauter falschen, er ist so wahr, dass er den Tell aus dem Text wirft. Statt Schiller gerät ihm Nietzsches ‚Lämmerdummheit' auf die langsame Zunge, gleich tut ihm der Aussetzer leid, aber es ist gesagt und bestätigt uns: Tell ist als Einziger propagandaresistent. Er bleibt es bis zum Schluss, wo ihn das Stück mit Nietzsche endgültig zum Adler, zum Sturzflieger in den Abgrund schreiben wird.
Tell bleibt bei sich. Und gerät deshalb außer sich. Beim Apfelschuss. Trotz allem Kniefall soll er schießen (...) er schießt, und jetzt brennt ihm die Sicherung durch, Tell wütet mit dem Stock auf Walther und die anderen ein und endet als Häufchen Elend unter dem Tisch, unter dem hervor er wieder auftauchen wird mit Waffen und Bomben als Leibhaftiger Leibacher. (…) Tell ist schon allein, als die Kumpane sich zum Schwur auf jenem Rütli treffen, das wie der Krieg auch allen gehört: in klobigen Bergschuhen und schäbigem Pimmelchen am fleischfarbenen Kostüm. Nackt wie der Kaiser, entblößt als Nachtbuben, die sich erst einmal in die Haare

---

70 Friedrich Leibacher (1944–2001) tötete 2001 bei einem Amoklauf im Parlamentsgebäude des Schweizer Ortes Zug 14 Politiker und richtete sich danach selbst. Dieser Anschlag war der erste dieser Art in der Schweiz.
71 Felix Schenker: Wilhelm Tell in St. Gallen. In: *Art-TV Theater*, Oktober 2006.

| 4 | REZEPTIONS-GESCHICHTE | 5 | MATERIALIEN | 6 | PRÜFUNGS-AUFGABEN |

und an die Eier gehen und dann (zu viert, sicherheitshalber) rührend den Aufstand schwören. Da ist die Bühnenwand (...) schon umgeklappt und gibt jetzt den Blick auf ein alpines Sils-Maria-Resort frei, wo die Party zu den 1. Nietzsche-Festspielen im Gang ist. Logisch trinken die Eidgenossen ihr Cüpli mit, so logisch wie Tell zu Leibacher und Waltherli zum Selbstmordattentäter wird, der jetzt im Publikum sitzt, das selbstgebastelte Bombenarsenal um den Leib geschnürt.

Schwarz will in diesem Finale monströs viel. Zug und Bayreuth, Tell-Monolog und Nietzsches Gedicht ‚Unter Raubvögeln' treten in einen vertrackten Dialog, der niemandem Recht oder Unrecht gibt, sondern den Abgrund auftut. Unten am Abgrund will Tell Rache, obwohl Geßler oben längst tot ist. Tell, der ‚Raubvogel', der ‚Selbstkenner', ‚Selbsthenker'. ‚Schon gehenkt' – aber zugleich ist er für uns Zuschauer der einzig Lebende, Menschliche. Jedenfalls an diesem Theaterabend hat der starke Einzelne, haben Tell und Walther die Tyrannei der Mitmacher besiegt. Und ausgerechnet der: ein Terrorist?"[72]

Wilhelm Tell – ein Vorbild?

Hat die Person Wilhelm Tell (besonders in den modernen Inszenierungen) heute noch Vorbildcharakter, ist das Stück heute noch eine sinnvolle Lektüre? Der folgende Text kommt zu einem ernüchternden Urteil:

„(...) aus dem Vorausgegangenen dürfte klar geworden sein, dass Wilhelm Tell – auch und gerade in der Fassung von Friedrich Schiller – im 19. und 20. Jahrhundert überwiegend als (gewalt-

– – –

72 Peter Surber: Wilhelm Tell, Selbsthenker. In: „St. Galler Tagblatt", 2. Oktober 2006.

tätig) handelnder Revolutionär wahrgenommen wurde. Schillers vorsichtig abwägenden philosophischen Überlegungen über Freiheit, Naturrecht und Grenzen von Tyrannei ebenso wie zum Widerstandsrecht blieben weitestgehend auf der Strecke. Unter diesen Umständen scheint es angezeigt, sich mit Wilhelm Tell, wenn schon, sehr kritisch auseinanderzusetzen.

Es ist kaum zu bestreiten, dass wir heute in Mitteleuropa sehr viele Freiheiten genießen und dass von Tyrannei in unseren Breitengraden nicht die Rede sein kann. Während die einen sich vielleicht noch ein bisschen mehr Freiheit und weniger Staat wünschen mögen, sähen es die anderen lieber, da und dort noch klarere und für alle verbindliche Spielregeln zu haben, damit die Schwächeren nicht durch die Rücksichtslosigkeit der Stärkeren in ihrer Freiheit eingeschränkt werden. Aber wie immer man sich in konkreten Fragen stellen mag – zwei Sachen dürften und müssten eindeutig klar sein:

1. Es gibt in einem Rechtsstaat klare Spielregeln, auch im Streitfall.

2. Es geht nicht an, dass einer zur Waffe greift und sich selbst Recht verschaffen will, wenn er sich ungerecht behandelt fühlt.

Welchen Sinn hat es aber, wenn wir unseren Kindern von einem Helden wie Wilhelm Tell erzählen, wenn dieser in der Welt, in der wir heute leben, gar kein Vorbild mehr sein kann (bzw. ein sehr schlechtes)?[73]

---

73 *Friedrich von Schiller: Das Drama Wilhelm Tell und seine Wirkung*, zitiert nach: www.literatur. geschichte-schweiz.ch (Stand 2011).

6. PRÜFUNGSAUFGABEN MIT MUSTERLÖSUNGEN

Unter www.königserläuterungen.de/download finden Sie im Internet zwei weitere Aufgaben mit Musterlösungen.

Die Zahl der Sternchen bezeichnet das Anforderungsniveau der jeweiligen Aufgabe.

Aufgabe 1 **

> Untersuchen Sie den Tell-Monolog (IV, 3).
> 1. Stellen Sie die Situation in den Dramenzusammenhang.
> 2. Wieso hält der sonst so wortkarge Tell hier diesen langen Monolog?
> 3. Welche Gründe für den Meuchelmord an Geßler führt Tell an?
> 4. Wie ist Tells innere Verfassung? Fühlt er sich schuldig?

Mögliche Lösung in knapper Fassung:

Nachdem Geßler Tell gezwungen hatte, auf sein eigenes Kind zu schießen, verhaftete er ihn entgegen seiner eigenen Zusage, als er erfuhr, dass Tell, falls er sein Kind erschossen, Geßler getötet hätte. Bei der Überführung gelingt es Tell, während eines Seesturms zu fliehen. Er lauert Geßler auf dem Weg nach Küßnacht auf, um ihn zu töten. Diese Tat wird zur Befreiungstat und zum Startschuss für die Volkserhebung.

ZU 1.

Tell ist durch Geßlers Tat in eine Ausnahmesituation hineingezwungen worden. Sein Monolog ist nicht Ausdruck inneren Ringens um eine Entscheidung, sondern es geht um die Freiheit und

ZU 2.

| 1 SCHNELLÜBERSICHT | 2 FRIEDRICH SCHILLER: LEBEN UND WERK | 3 TEXTANALYSE UND -INTERPRETATION |

ZU 3.

Verantwortung vor sich selbst. Tell will sich unmittelbar vor der Tat nochmals versichern, dass seine Beweggründe der Prüfung des eigenen Gewissens standhalten.

→ Erst Geßler hat Tell durch den widernatürlichen Befehl, auf seinen Sohn zu schießen, zum Mord fähig gemacht (V. 2569 ff.).

→ Tell hat sich in dieser Notsituation geschworen, Geßler zu töten. Er handelt quasi gottgewollt (V. 2580 ff.).

→ Tell kann nur durch die Tötung Geßlers seine Familie vor der Rache des Landvogts schützen (V. 2631 ff.).

→ Wie Tell als Jäger seine Mitmenschen vor wilden Tieren schützte, so schützt er jetzt seine Landleute vor dem „Tier" Geßler (V. 2636 ff.).

→ Eine politische Begründung für Tells Tat fehlt.

ZU 4.

Die mehrfache Betonung des Wortes „Mord" für seine Tat (V. 2571, 2622, 2635) zeigen Tells reale Schuldgefühle. Erst im Vergleich mit der Tat des Königsmörders Parricida kann sich Tell für seine Tat freisprechen (V. 3184 f.).

Aufgabe 2 **

Die Frauengestalten in *Wilhelm Tell* entsprechen kaum dem klassischen Rollenbild, sondern tragen erheblich zum Zustandekommen des Volksaufstandes bei. Besonders Gertrud Stauffacher ist die eigentliche Initiatorin des Aufstandes.

1. Stellen Sie die Szene I, 2 in den Kontext des Stückes.
2. Erarbeiten Sie den Inhalts- und Argumentationsgang der Szene.
3. Welches Rollenverständnis hat Gertrud Stauffacher?

4 REZEPTIONS-GESCHICHTE	5 MATERIALIEN	6 PRÜFUNGS-AUFGABEN

Mögliche Lösung in knapper Fassung:

Nachdem in der ersten Szene die Willkürherrschaft der Habsburger Vögte gegenüber der einfachen Bevölkerung gezeigt wurde, erfährt der Zuschauer jetzt etwas über die Situation der Freibauern. Der wohlhabende und einflussreiche Freibauer Werner Stauffacher beobachtet mit Sorge die Unterdrückungspolitik der Vögte auch gegenüber seiner Person. Aber erst seine Frau kann ihn davon überzeugen, mit anderen etwas gegen diese Willkürherrschaft zu unternehmen.

ZU 1.

→ Getrud analysiert die Willkürherrschaft der Vögte (V. 277 ff.).

ZU 2.

→ Sie schlägt ihrem Mann ein Treffen unter Gleichgesinnten zur Besprechung von (auch kriegerischen) Abwehrmaßnahmen gegen diese Gewaltherrschaft vor (V. 286 ff.).

→ Den von ihrem Mann befürchteten Kriegsgräuel stellt sie den absoluten, mutigen Einsatz für die Freiheit entgegen (V. 316 ff.).

→ Dadurch bewegt sie ihren Mann zum politischen Handeln (V. 330 ff.).

Sie ist

ZU 3.

→ selbstbewusst (V. 238 ff.),

→ politisch interessiert (V. 247 ff., 260 ff.),

→ selbstständig denkend.

Aber:

→ Sie hütet das Haus, ihr Mann handelt (V. 330 ff.).

→ Männer kämpfen, Frauen opfern sich auf (V. 326 ff.).

1 SCHNELLÜBERSICHT	2 FRIEDRICH SCHILLER: LEBEN UND WERK	3 TEXTANALYSE UND -INTERPRETATION

Aufgabe 3 *

Von vielen Kritikern ist die Parricida-Szene (V, 2) kritisiert und als überflüssig angesehen worden. Schiller hingegen verteidigte sie als „Schlussstein des Ganzen".
1. Ordnen Sie die Szene in den Gesamtzusammenhang des Stückes ein.
2. Arbeiten Sie heraus, worin der Unterschied zwischen Tells und Parricidas Tat liegt.
3. Wieso hilft Tell Parricida?

Mögliche Lösung in knapper Fassung:

ZU 1.
Nachdem Tell den Landvogt Geßler getötet und damit das Fanal zum Volksaufstand gegeben hat, kehrt er nach Hause zurück. In seinem Haus trifft er auf den flüchtigen „Kaisermörder" Parricida.

ZU 2.
Parricida erwartet von Tell Hilfe, denn er sieht sich und Tell in derselben Situation: Beide haben gemordet (vgl. V. 3152 ff., vor allem V. 3174 f.). Tell verwehrt sich jedoch gegen diese Gleichstellung und stellt die Unterschiede ihrer Tat heraus.

| 4 REZEPTIONS-GESCHICHTE | 5 MATERIALIEN | 6 PRÜFUNGS-AUFGABEN |

	TELL	PARRICIDA
Situation	Tell ist mit sich und seiner Tat im Reinen (V. 3144 f.).	Parricida ist verzweifelt und in seiner Tat gefangen (V. 3217 ff.).
	Er wird als Retter gesehen (V. 3087).	Er ist vogelfrei und auf der Flucht (V. 3212 f.).
Tat	Gerechte Notwehr des Vaters (V. 3177)	Verwandten- und Kaisermord (Schändung der Natur, V. 3183 f.)
	Schutz der sozialen Ordnung (V. 3179)	Mord aus niederen Beweg-gründen (V. 3200)
	↓	↓
	notgedrungene Tat; morali-sches Recht zur Selbsthilfe	ruchloser Mord aus Impietät und Eifersucht

→ Mitleid (V. 3191)

→ Auch Tell ist ein „Mensch der Sünde" (V. 3223).

→ Tell nimmt sich auch hier die Freiheit zu mitmenschlicher Soli-darität, auch gegen die bestehende soziale Pflicht.

ZU 3.

| 1 SCHNELLÜBERSICHT | 2 FRIEDRICH SCHILLER: LEBEN UND WERK | 3 TEXTANALYSE UND -INTERPRETATION |

Aufgabe 4 ***

Charakterisieren Sie die Figur des Landvogts Hermann Geßler. Achten Sie dabei sowohl auf sein Verhalten wie auch auf das, was die Leute von ihm berichten.

Mögliche Lösung in knapper Fassung:

CHARAKTERI-
SIERUNG

→ Geßler als Beamter des Kaisers
  → Landvogt des Kaisers:
    → ohne eigene Verantwortung
    → versteckt sich hinter angeblichem Kaiserwillen (V. 2712 f.)
    → karrieresüchtig (V. 2710 f.)
    → hemmungslos
  → Geßler als despotischer Machtmensch:
    → missachtet die Rechte der Schweizer (u. a. V. 2727, 2751 f.)
    → demütigt sie absichtlich (V. 2717 ff.)
    → will sie unterwerfen (V. 2713 ff.)
    → setzt sich über Recht und Moral (V. 1882 ff.)
→ Geßler als verkappter Schwächling:
  → Geßler ist nur durch sein Amt mächtig:
    → Er hat keine eigenen Güter (V. 262 ff.).
    → Er ist abhängig vom kaiserlichen Wohlwollen (V. 2712).
  → Geßler ist als Person ein Schwächling:
    → Auf sich alleingestellt ist er ängstlich und schwach (V. 151 ff.).
    → Sein pompöses Auftreten soll seine persönliche Schwäche verdecken (vgl. u. a. die Regieanweisung vor V. 1854).

4 REZEPTIONS-GESCHICHTE	5 MATERIALIEN	6 PRÜFUNGS-AUFGABEN

LITERATUR

Zitierte Ausgabe:

Um mit verschiedenen Ausgaben arbeiten zu können, wird nach Versen zitiert, die in der Regel bei allen *Tell*-Ausgaben ausgewiesen sind. Textgrundlage dieser Erläuterung ist der Band des Hamburger Lesehefte Verlags:

Schiller, Friedrich von: *Wilhelm Tell. Ein Schauspiel.* Heftbearbeitung: F. Bruckner und K. Sternelle. Husum/Nordsee: Hamburger Lesehefte Verlag 2010 (Hamburger Leseheft Nr. 7).

Weitere Quellen:

Schiller, Friedrich: *Briefe. Kritische Gesamtausgabe.* Hrsg. und mit Anmerkungen versehen von Fritz Jonas. 7 Bände, Stuttgart u. a.: Deutsche Verlags-Anstalt, 1892–1896

Biedermann, Woldemar Freiherr von (Hrsg.)*: Goethes Gespräche*, Band 6. Leipzig: von Biedermann, 1890

Lernhilfen, Kommentare und Arbeitsmaterial für Schüler:

Geist, Alexander: *Wilhelm Tell. Inhalt, Hintergrund, Interpretation.* München: Mentor, 2010

Ibel, Rudolf: *Friedrich Schiller: Wilhelm Tell.* Frankfurt am Main: Verlag Moritz Diesterweg, 1961

Neubauer, Martin: *Friedrich Schiller: Wilhelm Tell.* Stuttgart: Philipp Reclam jun., 2004

Nordmann, Beate: *Erläuterungen zu Friedrich Schiller: Kabale und Liebe.* Hollfeld: C. Bange Verlag, 2008

Suppanz, Frank: *Erläuterungen und Dokumente. Friedrich Schiller: Wilhelm Tell.* Stuttgart: Philipp Reclam jun., 2005

Sekundärliteratur:

Berendsohn, Walter A.: „Wilhelm Tell" als Kunstwerk. Struktur und Stilstudien. In: Schlyter, Börje u. a. (Hrsg.): *Studier i modern sprakvetenskap*. Stockholm: Almquist & Wiksell, 1960, S. 5–78; auch unter www.mediaculture-online.de, S. 1–84

Berthel, Klaus: Im Spiegel der Utopie: „Wilhelm Tell". In: Hans Dieter Dahuke (Hrsg.): *Schiller. Das dramatische Werk in Einzelinterpretationen*. Leipzig: Philipp Reclam jun., 1982, S. 248–267

Frisch, Max: *Wilhelm Tell für die Schule*. Frankfurt am Main: Suhrkamp, 1996

Guthke, Karl S.: Wilhelm Tell. Der Fluch der guten Tat. In: Guthke, Karl S.: *Schillers Dramen: Idealismus und Skepsis*. Tübingen/Basel: Francke Verlag, 1994, S. 279–304

Koopmann, Helmut: *Schiller. Eine Einführung*. München: Artemis Verlag, 1988

Koschorke, Albrecht: Brüderbund und Bann. Das Drama der politischen Inklusion in Schillers „Tell". In: Hebus, Uwe; Matala de Mazza, Ethel; Koschorke, Albrecht (Hrsg.): *Das Politische. Figurenlehren des sozialen Körpers nach der Romantik*. München: Wilhelm Fink, 2003, S. 106–122

Maihold, Harald: „Ein rechter Schütze hilft sich selbst" – Nothilfe, Freiheit und Solidarität in Schillers Wilhelm Tell. In: *ius.full*, 3/8/08, S. 106–116

Martini, Fritz: Wilhelm Tell, der ästhetische Staat und der ästhetische Mensch. In: *Der Deutschunterricht*, 12/1960, S. 90–118

Mehring, Franz: *Gesammelte Schriften. Band 10: Aufsätze zur deutschen Literatur von Klopstock bis Weerth*. Berlin: Dietz Verlag, 1975

Redaktion Kindlers Literatur Lexikon: Wilhelm Tell. In: *Kindlers Neues Literatur Lexikon*, herausgegeben von Walter Jens, Studienausgabe, Band 14, München: Kindler Verlag, 1988, S. 955–957

Rischbieter, Henning: *Friedrich Schiller. Erster Band: Von den „Räubern" bis zu „Don Karlos"*. Velber bei Hannover: Friedrich Verlag, 1975

Rischbieter, Henning: *Friedrich Schiller. Zweiter Band: Von „Wallenstein" bis „Wilhelm Tell"*. Velber bei Hannover: Friedrich Verlag, 1975

Sautermeister, Gert: Wilhelm Tell. In: *Kindlers Literatur Lexikon im dtv*, Band 23, München: Deutscher Taschenbuch Verlag, 1974, S. 10228–10230

Storz, Gerhard: *Der Dichter Friedrich Schiller*. Stuttgart: Klett, 1959

Tischer, Heinz: *Schillers „Wilhelm Tell". Anmerkungen für eine kritische Betrachtung im Unterricht*. Hollfeld: Joachim Beyer Verlag, 1977

Verfilmungen:

William Tell. England 1900.
   Regie: W. Paul
Guillaume Tell. Frankreich 1903.
   Regie: L. Nonguet
Wilhelm Tell. Deutschland 1923.
   Regie: Rudolf Dworsky und Rudolf Walther-Fein
Wilhelm Tell. Deutschland 1934.
   Regie: Heinz Paul
William Tell. USA 1939.
   Regie: F. Féher

LITERATUR

Guillaume Tell. Italien 1948.
    Regie: G. Pastina
Wilhelm Tell. Österreich 1956.
    Regie: A. Stöger und J. Gielen
Wilhelm Tell (Berge in Flammen). Schweiz 1960.
    Regie: Michael Dickoff
Wilhelm Tell. Deutschland 1968.
    Regie: Karl Vibach
Tell. Schweiz 2007.
    Regie: Mike Eschmann

STICHWORTVERZEICHNIS

Apfelschuss 39, 42

Blankvers 9, 67

Eidgenossen 18, 19, 20, 37, 41, 71, 75

Französische Revolution 6, 21

Freiheitskampf 6, 18, 61, 67, 68, 77

Habsburg 18, 19, 31, 33, 36, 46, 49, 54, 59, 61, 64, 71, 80

Heiliges Römisches Reich Deutscher Nation 17, 20

Hobbes, Thomas 70

Kant 24, 69

Kunstsprache 66

Lehen 17

Locke, John 70

Naturrecht 70, 90

Parricida 47, 51, 65, 75, 95

Rousseau 24, 69, 70

Rütli 18, 33, 37, 51, 53, 55, 63, 71, 73

Schweiz 6, 17, 18, 29, 31, 33, 49, 59, 61

Selbsthelfer 7, 73

Tell-Handlung 47, 73

Terror 21

Vogt 7, 19, 38, 73

Volksaufstand 7, 31, 43, 60, 69, 71

Weimarer Klassik 9, 17, 22, 23, 66

Willkür 18, 34, 35, 53, 55, 56, 57, 69

DIGITALES ZUSATZMATERIAL

Literarisch vernetzt! Über 600 Materialien online.

Neuerscheinungen, Aktionen, kostenlose Angebote und Infos rund um Literatur.

Melden Sie sich gleich an – es lohnt sich!*

- über **150 Gedichtinterpretationen** je 0,99 Euro
- über **200 Königs Erläuterungen** als PDF
- **Königs Erläuterungen** jetzt auch **als E-Book** für alle gängigen Lesegeräte, iPad und Kindle
- über **50 MP3** mit Audio-Inhaltszusammenfassungen zu gängigen Werken kostenlos!
+ über **150 kostenlose Abituraufgaben**
+ Anleitung „Wie interpretiere ich?" kostenlos!
+ Anleitung „Wie halte ich ein Referat?" kostenlos!
+ Literaturgeschichte von A-Z kostenlos!

Seien Sie immer aktuell informiert mit unserem **Newsletter** oder über unsere **Social-media-Plattformen**.

 Königs Erläuterungen   www.bange-verlag.de

* Sie erhalten max. 1 Newsletter monatlich!

KÖNIGS LERNHILFEN

Das Standardwerk in Sachen Filmanalyse – jetzt aktualisiert und erweitert. Deutsch 9. – 12. /13. Klasse

Stefan Munaretto
Wie analysiere ich einen Film?
9.–12./13. Klasse und Studenten
im Grundstudium
ISBN: 978-3-8044-1588-1

Folgende Themenbereiche werden behandelt:
- Themen und Ideen
- Erzählung
- Montage
- Kamera
- Produktionsdesign
- Ton
- Genre
- Realismus
- Globalisierung
- Der Zuschauer
- Schauspiel

Mit Glossar und Filmregister

Die einzige Vorbereitung für alle Aufsatzthemen von der 10. Klasse bis zum Abitur – mit Kommentierungen und Musteraufsätzen.

Christine Frieps/Annett Richter
Das große Aufsatzbuch -
von der 10. Klasse bis zum Abitur
ISBN: 978-3-8044-1584-3

33 bewertete und kommentierte Musteraufsätze

Themen aus dem Inhalt:
- Problemerörterung
- Literarische Erörterung
- Argumentierendes Schreiben
- Sachtextanalyse
- Erschließung eines Erzähltextes
- Erschließung eines Dramentextes
- Gedichtinterpretation

www.bange-verlag.de

KÖNIGS FITNESS

Königs Fitness – der Personal-Trainer für bessere Noten

In vier Lernschritten zum Ziel!

Texte analysieren und verfassen
8.–10. Klasse
ISBN 978-3-8044-1583-6

Themen aus dem Inhalt:
- Reportage
- Kommentar
- Glosse
- Satire
- Novelle
- Kurzgeschichte
- Roman

Argumentieren und Erörtern
9.–10. Klasse
ISBN 978-3-8044-1571-3

Themen aus dem Inhalt:
- Erstellen einer Gliederung und Verfassen einer Erörterung
- Überarbeitung eines Klassenarbeitstextes
- Textgebundene und dialektische Erörterung

Analysieren und Interpretieren:
Lyrik 11.–12./13. Klasse
ISBN 978-3-8044-1583-6

Themen aus dem Inhalt:
- Gliederung der Interpretation
- Einleitung und Inhaltsangabe
- Analyse und Interpretation
- Schluss der Interpretation
- Reim - Metrum - Stilfiguren
- Dichter und Epoche
- Gedichtvergleich

www.bange-verlag.de